Sérgio Simka (Coordenação)
Thalassa Furbetta

O Convívio com Animais NÃO É UM BICHO-DE-SETE-CABEÇAS

Doces histórias sobre animais, autoconhecimento e evolução pessoal

EDITORA CIÊNCIA MODERNA

O convívio com animais não é um bicho-de-sete-cabeças - Doces histórias sobre animais, autoconhecimento e evolução pessoal

Editor: Paulo André P. Marques
Produção Editorial: Dilene Sandes Pessanha
Capa: Daniel Jara
Diagramação: Daniel Jara
Copidesque: Equipe Ciência Moderna

FICHA CATALOGRÁFICA

SIMKA, Sérgio (Organização); FURBETTA, Thalassa Possatto.

O convívio com animais não é um bicho-de-sete-cabeças - Doces histórias sobre animais, autoconhecimento e evolução pessoal

Rio de Janeiro: Editora Ciência Moderna Ltda., 2022.

1. Criação de animais 2. Animais domésticos
I — Título

ISBN: 978-65-5842-212-9 CDD 636

Editora Ciência Moderna Ltda.
R. Alice Figueiredo, 46 – Riachuelo
Rio de Janeiro, RJ – Brasil CEP: 20.950-150
Tel: (21) 2201-6662/ Fax: (21) 2201-6896
E-MAIL: LCM@LCM.COM.BR
WWW.LCM.COM.BR **09/22**

Agradecimentos

A todos que me enviaram suas histórias. Foi um prazer aprender, rir e chorar com vocês;

A todas as pessoas que amam e protegem animais e, assim, ajudam a tornar o mundo um local mais justo;

Aos pais e educadores que se esforçam para ensinar amor à natureza, empatia e carinho por todos os seres vivos;

Às pessoas que optam por não viver apenas para si ou para sua família biológica e se doam a causas nobres, sejam elas quais forem;

Aos meus pais, por amarem e respeitarem os animais e acolher, desde muito cedo, os cães e gatos estropiados que eu encontrava por aí e levava para casa.

Prefácio

Este livro contém relatos reais e inéditos sobre como o convívio com animais e a observação de seus comportamentos modificam pessoas e vidas.

É mostrado como essa convivência influencia nossa saúde física e emocional e nos auxilia em nossa busca por autoconhecimento e evolução pessoal.

O enfoque desta obra não é científico, nem religioso. O leitor é livre para tirar as próprias conclusões.

As passagens que contêm fenômenos extrafísicos podem ser interpretadas pela psicologia tradicional, levando ou não em consideração a possibilidade da espiritualidade. O mais importante é perceber o bem que certas situações ou crenças fizeram aos envolvidos, respeitando todos os pontos de vista.

Os comentários das notas de rodapé e a segunda parte deste livro trazem importante conhecimento adicional sobre como cuidar bem dos animais e do meio ambiente.

Ao final, o leitor poderá constatar com mais facilidade qual a diferença que os animais já fizeram em sua própria vida e como agir para se tornar uma pessoa melhor para o mundo e mais consciente de si mesma. Separe alguns lencinhos e boa leitura!

"Tudo o que vive é teu próximo."
Mahatma Gandhi

Sumário

Parte I

Relatos

Lilão

Quando eu tinha 10 anos, uma cadelinha bebê foi jogada para dentro da garagem da casa da minha avó. No dia seguinte, conheci o presentinho, que passou a morar comigo. Foi amor à primeira vista. Minha irmãzinha! E, tal como, era chata, ciumenta, birrenta e só respeitava meus pais. Eu passava batido...

Quanta personalidade em uma coisinha tão pequena!

Até então, eu só tinha cuidado de gatos. A primeira coisa que estranhei foi o tamanho da língua (gigante) e o excesso de *lambeijos*[1]... A demonstração dos sentimentos também era exagerada: mais clara impossível! Também era engraçado encontrar biscoitos enterrados nos vasos da minha mãe!

Eu achava sensacional que mesmo se saíssemos por apenas um minuto, éramos recebidos de volta com festa, muita ginga de rabinho e boas lambidas. Essa era a Lila. Foi bebê, adolescente, adulta, idosinha... Sempre ágil e saudável, apesar de eternamente acima do peso... por isso seu apelido era Lilão.

Na terceira idade, a artrose nos joelhinhos já não permitia mais os pulos de felicidade. Subir as escadas era complicado, alguém tinha que ir buscá-la (ela chorava), eu tinha preguiça de parar o que estava fazendo

[1] Beijo em forma de lambida.

para ficar levando-a para cima e para baixo. Os olhinhos apresentavam cataratas e a audição também decaiu bastante. As festinhas eram menos empolgadas... O sono vinha fácil, eventualmente até no meio de uma brincadeira. O humor não era mais tão bom e um certo fedorzinho de salgadinho Fandangos exigia banhos mais frequentes. Às vezes ela tropeçava e caía de lado também... eu acabava por rir desses capotes... Mas eu sentia irritação. Por um bom tempo eu achava que era frescura... falava que minha mãe tinha estragado a cachorra mimando demais. O tempo passou, as idas ao veterinário aumentaram bastante e um pequeno tumor maligno apareceu. Os sinais da terceira idade se intensificaram... E eu comecei a observar e, finalmente, a perceber que não era frescura ou mimo: a Lila não era mais a mesma.

Percebi que minha irritação vinha da dificuldade em aceitar que minha maninha estava cada vez mais perto de nos deixar. Passei a vê-la como quem ela era realmente, sem os crivos do meu julgamento e, assim, fui capaz de respeitá-la cada vez mais. Nossa relação melhorou, ela não me tratava mais como a irmã que compete pela atenção dos pais. Eu a abraçava mais e cuidava dela com carinho.

Com 16 aninhos a Lila partiu em cima da mesa do hospital veterinário, comigo segurando sua patinha. Nosso ciclo aqui terminou com amor. Eu pude mostrar para ela o que eu sentia e quem eu realmente era, sem medo de parecer fraca ou de ser julgada. Isso é muito mais fácil com animais!

Pude compreender porque, anos antes, eu tinha tanta raiva quando minha avó materna caía, mostrava sinais de fraqueza ou não conseguia mais fazer algo. Percebi tarde demais que eu deveria ter cuidado melhor dela quando ela mais precisou. Mas eu só aprendi isso com a Lila, bem depois. Se pudesse voltar atrás, tudo seria diferente.

Hoje, eu peço a elas perdão por não ter sido uma pessoa melhor desde mais cedo e agradeço por terem feito parte da minha vida.

Ambas morreram velhinhas, de câncer no abdômen, eram gorduchas e tinham gênios bem parecidos...

Thalassa Possatto Furbetta
Bióloga, autora deste livro e do Blog Como Cuidar Bem:
http://comocuidarbem.blogspot.com

Apenas um andarilho

Gilmar é um amigo novo, gente boa, sincero e daquelas pessoas que está sempre se esforçando para encontrar o motivo de estar vivo nesse planeta. Ele gosta de animais. Trabalha em um local que praticamente administra e onde cuida de uma cadela, a Pretinha, extremamente meiga e inteligente; um cão, o Rex, e dois gatos amarelos.

Uma vez abandonaram três gatinhos bebês por lá... foi muita maldade. O lugar é imenso, nem sei como ele os encontrou. Os gatinhos não eram sequer desmamados. Eu lhe ensinei a cuidar. Gatinhos recém--nascidos exigem muito esforço, mesmo assim ele os tratava de três em três horas, o que fez com que dois deles sobrevivessem e fossem adotados. Benjin, *"o pequeno ponto dourado"*, não resistiu, mas, durante quatro dias, foi amado, mantido aquecido e com a barriguinha cheia.

Ri muito quando ele me contou que, mesmo depois de alimentados e estimulados para fazer xixi e cocô, os gatinhos miavam desesperadamente dentro da caixa. Ele me ligou, mas eu não ouvi, estava ocupada. Então ele se sentou diante da caixa onde estavam os pequenos e começou a fazer: *"Aummmmmmmmm"*, longo e em tom de mantra. No terceiro entoar, os gatinhos estavam hipnotizados olhando para ele! Depois caíram no sono! De onde ele tirou essa ideia?

Sobre o Benjin, Gil comenta: *"cuidar de um animal é doar-se unicamente por amor. É a verdadeira caridade. É perceber a importância da responsabilidade e da abnegação porque algo realmente é prioritário. Eu me senti útil e senti felicidade em servir, em fazer o certo, independentemente do trabalho e dos custos"*.

Gil também me relatou:

"Durante uma viagem que fiz, saí para encontrar amigos igualmente jovens. Dirigia um carro caro e chique, vestia roupas da moda. Estava mergulhado na ilusão de materialismo e da estética. As pessoas que passavam me olhavam, fazendo-me sentir vaidoso.

De repente, meu olhar cruzou com o de um cão que andava pela calçada. Diferentemente das pessoas, ele simplesmente me olhou nos olhos sem expressar nenhuma reação. Como quem apenas constata: eu estava lá, ele também. Mais nada. E olhou porque notou a aproximação, não porque o carro era da marca tal e etc. Então, ele se virou e continuou sua caminhada.

Aquilo me desconstruiu!

O cão foi o único a me ver como sou: apenas um ser humano. Ele foi o único a não julgar qualquer aparência e, com sua maneira despretensiosa, virou-se para continuar andando confiante; pois quem é o que é, é confiante, sabe quais são suas necessidades reais e não vive de ilusões tão facilmente quebráveis.

Se eu sei o que sou, não me deixo insultar; quando eu me aceito como sou, passo a ser capaz de aceitar o outro como ele é.

Animais são espontâneos: mostram quem são e o que sentem. Eles sentem em vez de racionalizar, por isso conseguem perceber quem está mal-intencionado."

Gilmar Alves dos Santos Filho

Estudante de Administração e atuante na área de construção civil

Liz

Tielli nunca havia tido gatos. Algum tempo após ir morar sozinha, resolveu adotar um. Ela comentou com seus amigos e um deles nos apresentou. Eu dei a maior força, claro! Gatos são a melhor companhia do mundo! E adotar faz toda a diferença!

Torcendo para que ela fosse uma boa mamãe, falei as coisas mais importantes de se levar em conta antes de ter um animal: os gatos vivem em torno de 15 anos ou mais e abandoná-los ou empurrá-los para outro cuidar é crueldade; gatos são pentelhos, o que torna necessário ter telas nas janelas, não deixar coisas que possam ser quebradas ou engolidas à mão, não ter plantas tóxicas, aceitar o risco de ter sofá e cortinas arranhadas, é preciso ter brinquedos, caixa de areia e arranhador[2]; vacinas, castração e visitas ao veterinário são fundamentais; todo animal envelhece, mudando um pouquinho sua personalidade e saúde; a alimentação precisa ser de boa qualidade... E por aí vai.

Meu medo era ela engravidar, por conta de ser nova, ou se casar e vir a fazer o que as pessoas irresponsáveis e egoístas fazem nesses casos: deixar o gato de lado. Eu precisava me certificar de que ela era uma pessoa de bom coração, por isso falei tanto.

Então ela visitou a ONG Gatópolis, e lá se apaixonou por duas gatinhas: Liz e Avelã. Só que a Avelã não foi doada, pois ficou bastante doente naquela semana e depois acabou piorando. Quando ela melhorou,

[2] Arranhador: tipo de brinquedo que gatos usam para afiar as unhas. Eles têm essa necessidade e ter um arranhador é essencial para que eles não arranhem o resto da casa. Claro que um sofá em veludo e cortinas em tecido escorregadio também ajudam a evitar estragos, já que a maioria dos gatos não arranha esses tecidos.

o que demorou, uma das voluntárias que cuidou dela na ONG acabou por adotá-la.

Tielli e Liz

Mas a historinha da nova vida da Liz acabava de começar.

"Chegamos em casa e a Liz se escondeu. Ela era muito medrosa e já tinha vários traumas por conta de sua vidinha antes de ser resgatada pela ONG. E eu estava cheia de dúvidas e com medo de não me adaptar a ela. Ficamos assim por um tempo: eu tentando acolhê-la, tentando fazer com que ela se sentisse segura e ela me observando. Até que ela saiu de debaixo da cama e veio ficar comigo... e nós nunca mais desgrudamos até seu último suspiro.

A primeira vez que choveu forte, após a adoção, a água entrou pela janela da lavanderia alagando todo o chão. Assim que cheguei do trabalho, a Liz estava ansiosa na porta. Com gestos e miados ela me levou até a lavanderia e me mostrou, inconformada, aquela água toda! Achei demais como ela se comunicava e se esforçava para eu entendê-la.

Três meses após adotar a Liz, fui à Gatópolis e adotei o Barney, um gato lindo, maiorzinho, para lhe fazer companhia. Eles se estranharam nos primeiros dias, mas logo viraram bons amigos: trocavam lambidas, dormiam junto...

Só que a Liz começou a se mostrar sempre cansada, quieta, brincava e comia cada vez menos. Achava que eram ciúmes, mas depois de ficarem amigos? Não fazia sentido. Levei-a para fazer exames e a notícia foi terrível: ela estava com FeLV, a temida leucemia felina. Chorei tanto! Eu me via juntinho dela pelos próximos 15 anos, mas o veterinário disse que ela poderia viver de dois meses a dois anos, no máximo.

Começamos o tratamento. Ela era frágil, piorava rapidamente. Eu não tinha maturidade para aceitar que ela morreria tão cedo. Deixava-a de fraldinha, que trocava sempre, e dava alimentação e água via seringa, diretamente na boca. Sempre a colocava ao meu lado para dormir. Ela ficava cada vez mais fraca.

Foi muito angustiante forçá-la a beber água e a comer por tantos dias, além de todos os remédios de que ela não gostava. Hoje, penso que não faria dessa forma. Percebi que a gente tem que aprender a respeitar o tempo das coisas, das pessoas, dos bichinhos... E eu não soube fazer isso.

Eu não conseguia aceitar que a vida não era do meu jeito e, portanto, deixá-la fluir. O fato de ter cuidado da Liz me fez observar isso e notar como a gente luta contra o que não controla, mesmo já sem energia ou equilíbrio emocional. Foi com a morte dela que eu consegui elaborar esses aspectos dentro de mim.

Passamos oito meses juntas. Eu aprendi muito sobre mim, percebi também que amo gatos e que, com essa experiência, me tornei mais acolhedora não só com os animais, mas também com as pessoas à minha volta. Aprendi a silenciar mais, a observar com mais atenção, a cuidar e a ter zelo. Hoje me considero mais amorosa comigo e com a vida."

Tielli sempre me conta do Barney, que está muito bem e já vai fazer seis anos, apesar de também ser positivo para FeLV. Ele não tem sintomas da doença, é forte, lindo, gordinho e não resiste em rasgar o saco de bisnaguinhas e roubar algumas sempre que possível. Ela também está ótima!

Eu fiquei triste por seu tempo com a Liz ter sido tão curto, mas me sinto muito feliz pela adoção ter dado certo e a Tielli ser uma pessoa maravilhosa, muito cuidadosa, atenciosa, preocupada e que jamais trairia a confiança de quem ela ama. E mais: hoje ela adora gatos, incentiva a adoção e vai continuar adotando.

Quanto à Liz, sei que sua adoção fez toda a diferença: ela soube o que é ser amada, o que é dormir numa cama quentinha, o que é poder confiar em um ser humano. Ela teve um irmão e foi cuidada com todo carinho. Sem a Tielli, provavelmente sua vida teria sido numa gaiolinha, sozinha e triste. Sem a ONG, talvez ela tivesse morrido de fome nas ruas.

A ONG foi informada sobre o diagnóstico e tomou as providências cabíveis. O certo é testar todos os gatos que entram, mas nem sempre há dinheiro para isso, já que essas entidades dependem de doações e de voluntários. A vacina para FeLV ainda precisa de melhorias.

Muitas ONGs divulgam para adoção gatos com FeLV e outras doenças, animais idosos ou com algum outro problema estético ou de saúde. Eles também merecem a chance de serem adotados.

Adote! Conceda o direito de viver bem àquele que já nasceu.

Tielli Loana Lopes

Gerente de Empresas; graduada em Psicologia e em Jornalismo

Gato-Galinha

"Sem dúvida, todos os animais que passaram pela minha vida, me marcaram. Cada um tem uma personalidade única.

Minha primeira cachorra significou alegria: que ela sempre demonstrava em estar com a gente e que eu sentia por poder ter um animalzinho de estimação.

Um dos gatos da minha irmã tem um jeito tão exagerado de mostrar carinho, de demonstrar o quanto me adora, mesmo sem eu nunca ter feito nada para isso. Nem consigo compreender. É amor incondicional mesmo. Doação pura.

Com eles dois, aprendi que a gente pode ser cativante se conseguirmos ser pessoas doces e se mantivermos um comportamento sempre coerente, para que os outros saibam o que podem esperar de nós e possa haver uma relação de confiança.

Mais recentemente, meu contato maior foi com o Gato-Galinha, um gato que viveu na clínica para alcoólatras e viciados em outras drogas, onde estive internado durante os últimos anos.

A clínica é muito grande e tem seus próprios carneiros, cães de guarda e muitas galinhas. Um dia, do nada, um gato filhote apareceu dentro do galinheiro e passou a viver lá. Ele pensava que era galinha: dormia nos ninhos, encostado nas galinhas, interagia com elas, comia grãos e ração para aves, apesar disso não ser ideal para gatos. Raras vezes ele caminhava sobre o galinheiro, mas logo entrava. Sempre dormia e acordava no ritmo das aves.

Numa madrugada, houve um acidente e os cachorros invadiram o galinheiro.

Foi a maior correria, mas não deu tempo de salvar todas as vidinhas por lá, incluindo a do Gato-Galinha. Fiquei muito triste!

Penso que se ele tivesse saído da zona de conforto, de algum modo ele teria ativado seus instintos e sabido como sobreviver à presença dos cães, ele teria aprendido como se defender ou se proteger.

Em analogia, não deixa de ser isso o que fiz na minha vida: sempre me escondi em casa atrás de drogas e, hoje em dia, álcool. Acho que eu deveria ter seguido meus instintos, poderia ter tentado viver. O Gato-Galinha não teve uma chance, infelizmente, mas eu terei. ... vou pensar mais nisso..."

Lucas Possatto Furbetta

Clínica de internação involuntária em Boituva, SP

Chiquinho

Eu estava lá quando o Chiquinho chegou. O gatinho minúsculo, recém-adotado, foi um presente do ex-namorado de Gabriele para ela.

Não devemos dar animais de presente, pois sua adoção envolve muito planejamento: serão ao menos 15 anos pela frente, fornecendo para aquele serzinho segurança (telas nas janelas ou casa sem rotas de fuga), alimento de boa qualidade, carinho, tempo, vacina, providenciando quem cuidar dele no caso de viagens, além de outros tantos cuidados. Todos que moram junto devem aceitar as novas responsabilidades e ter em consideração que deixar o animalzinho acorrentado ou esquecido num quintal, ou até mesmo abandoná-lo algum dia, é crime! Devem saber também que os animais também ficam doentes e envelhecem, passando a ter novas necessidades.

Mas o Chiquinho deu sorte. Foi aquele amor à primeira vista. A família, que nunca pensou em ter um gato, também se apaixonou pelo pequeno.

E já se passaram 12 anos.

"O Chiquinho é o registro do que é amor para mim. Toda vez que estou fazendo ioga, a professora pede para nos lembrarmos de alguém que amamos ou por quem temos amor genuíno, daí me vem a imagem dele correndo de lá para cá, miando e pedindo comida. Ele é tranquilo, amoroso, acolhedor. Às vezes tenho dó de ter os bichinhos em casa e fico imaginando se ele é feliz ou não sendo ´preso´. Mas, logo em seguida, penso na sociedade em que vivemos hoje: não há mais condições para gatos viverem nas ruas, então, espero que ele seja feliz no lar que a vida lhe deu. Bom... Ele tem nosso carinho.

Gaby e Chiquinho

No ano passado tentei trazê-lo para morar comigo. Eu trabalho em casa. Mas acabei percebendo que aqui ele ficava mais sozinho e mais carente. Às vezes eu estava trabalhando e ele ficava paradinho, sentado ao meu lado. Aquilo me dava uma calma imensa, pois observava ele simplesmente 'sendo'. Ou seja: ele não estava produzindo ou fazendo nada, estava apenas parado, sentado, deitado, seja lá o que for. Isso me fez refletir sobre como nós, seres humanos, somos ansiosos e buscamos o tempo todo fazer alguma coisa. Pelo menos eu sou assim. Então, vê-lo ali sem nenhuma urgência e quietinho, na dele, me ensinou sobre ter mais calma, paciência e menos ansiedade."

Gabriela Gasparin

Ghost Writer e proprietária da Editora Vidaria Livros

Pitoco e Pitico

"Sempre quis entender que tipo de amor é esse que tenho pelo meu cãozinho. Demorei muito, mas hoje eu sei. Não é amor de um ser humano para um animal... Não é amor de uma mãe para um filho... É o amor de uma alma para outra alma!"

Até então eu sabia que o que mais une pessoas é o medo; e, se junto a ele houver um ódio comum, gera-se uma força descomunal. Foi com base nesse conhecimento que muitos líderes políticos insanos atingiram e atingem o poder em momentos históricos variados.

Uma das coisas que eu aprendi, lutando pelos animais, foi que pessoas boas unem forças por amor e, juntos, conseguimos fazer a diferença em tantas vidas.

Foi por essa causa que eu conheci a Julyana e logo me apaixonei por suas palavras com relação ao Pitoco, seu cãozinho que, na época, acabara de partir.

Entre lembranças, sonhos e poemas, ela contou partes de uma historinha doce que veio a me relatar depois com bem mais detalhes:

"Numa tarde de 1° de setembro, na escola onde sou fonoaudióloga, um cão

velhinho e bem magro se sentou em frente à minha sala e ficou me olhando com carinha de quem precisava de ajuda; nisso, o inspetor de alunos veio colocá-lo para fora, puxando seus pelos. O cachorro gritou de dor e eu, de raiva. Naquela hora já parti para a briga, peguei o cachorro e o levei para casa, deixando a sala aberta e tudo.

Coloquei-o para adoção, mas acabei me apegando. Era um cão já idoso, com doença do carrapato e cinomose, que tratei com sucesso; além das artroses avançadas e do fato de ele ser frágil, não podia nem tomar vento que ficava gripado... Eram muitos cuidados, assim, ele foi bastante mimado. Estávamos juntos sempre. Eu o levava comigo para todos os lugares, acostumei a levantar de madrugada para movimentá-lo na caminha, senão ele acordava todo dolorido; a descer e subir as escadas com ele no colo, picar sua comida...

Numa noite, senti que havia algo errado e insisti para a veterinária fazer uma radiografia de seu tórax. Ele só havia tossido, mas eu não ficaria tranquila sem o exame. Apesar de não haver qualquer sintoma relacionado, o resultado foi a presença de um tumor venéreo. Dadas as condições, não havia o que fazer.

Passei a levá-lo na Asseama[3], um centro espírita onde ele tomava passes e passava por cromoterapia.

Os sintomas pioravam, bem como sua mobilidade, que já era muito ruim. Eu já o levava no colo para fazer xixi, comer, beber água...

Num domingo, em nosso passeio de sempre, ela olhava tudo diferente, como se estivesse fotografando cada local. Entrei em casa chorando. Fomos para o

---

[3] Asseama (Associação Espírita Amigos dos Animais): organização não governamental, espírita, vegana e sem fins lucrativos, cujo objetivo principal é ajudar animais. Possui um santuário onde abrigam 176 animais domésticos e silvestres resgatados de maus-tratos; um local de gastronomia vegana com empório, chocolateria e café; e o centro espírita, que realiza tratamentos espirituais e alternativos aos animais.
Toda a renda para manter os locais e atividades é fruto de doações e dos lucros com a gastronomia. Para colaborar ou conhecer os endereços, visite o *site* https://asseama.org.br/.

quarto. Não sei como ele conseguiu se levantar sozinho de sua caminha, mas elogiei; ele foi pedir cafuné ao meu marido e veio me pedir colo. Assim que o peguei, aproximei a máscara de oxigênio de seu focinho, mas ele a empurrou com a pata. Não queria mais. E em poucos segundos partiu, deixando seu corpinho inerte.

Apesar de tudo e de já ter chegado velhinho, Pitoco viveu comigo por sete anos. Cuidar dele foi uma bênção!

E como ele fez falta! Não queria mais ficar sem ele. Não queria me levantar, passei a viver dopada por calmantes. Passaram-se seis meses e eu ainda estava igual. Até o momento em que percebi que minhas outras cachorras, Hannah e Mel, não estavam recebendo os cuidados de que precisavam, isso era injusto e irresponsável da minha parte. Por elas, resolvi voltar a viver e, por elas, fui melhorando.

O Pitoco passou a aparecer em meus sonhos. Era uma vez por semana e a cada vez nos aproximávamos mais. No começo, eu não podia falar com ele nem tocar nele, eu apenas o olhava.

No primeiro sonho, ele estava triste; no segundo, ele abanava o rabo e estava menos caidinho. Ele nunca havia abanado o rabo, mesmo feliz, por conta de seus probleminhas de mobilidade... No terceiro, estávamos em um gramado gigantesco e ele corria feliz e brincávamos de bolinha, mas não nos tocávamos. Era tudo muito real, eu sabia que ele já não estava encarnado, mas não entendia porquê não nos tocávamos.

Muitos sonhos assim se passaram até que sonhei que estava dormindo e o Pitoco me acordava, entrando no quarto, e subindo na cama. Fiz carinho nele. Finalmente nos tocamos! Começamos a brincar como antigamente, enchi ele de beijinhos, sempre com cuidado para meu marido não acordar, porque se ele acordasse, eu sabia que o Pitoco sumiria. Passaram-se horas e eu falei para ele: 'agora você precisa ir embora'. Ele pulou para o chão e foi diminuindo, diminuindo, até que virou um filhote, fez uma carinha triste, se despediu e sumiu. Eu sempre quis saber como ele era quando filhote. Agora eu sabia!

Nesse meio-tempo, conheci uma costureira que não cuidava direito de sua cachorra. Aquela cachorra tinha algo de diferente e eu a queria, mas a costureira não me dava, claro. Sempre ajudei cães de rua, mas aquela era especial. Insisti muito e nada. Meses depois, a costureira me ligou queixando-se de que a cadela acabara de parir três bebês. Era 1° de setembro, bem o dia do aniversário do Pitoco, fui buscá-los e achei um deles tão parecido com o Pitoco que fiquei encantada, chamei-o de Pitico.

Coloquei nome nos outros dois bebês, e cismei que o Pitico poderia ser o Pitoco reencarnado, mas como saber? Eu brincava que o bebê que abrisse os olhos primeiro era o Pitoco.

Sonhei, naquela semana, que cheguei aos cachorrinhos e o Pudim estava de olhinhos abertos. Olhei para ele e disse: 'Ahm, Pudim, não pode ser você!'. Acordei triste, mas quando olhei os bebês, ainda estavam com os olhos fechados.

Aí tive meu último sonho com o Pitoco: estava caminhando e encontrei uma montanha que comecei a escalar. Lá em cima, encontrei o Pitoco bem velhinho e doente. Nesse sonho nós podíamos conversar com palavras, ele falava! Eu disse: 'Não pode ser, você voltou a estar assim? Não acredito... Tinha certeza que você estava bem e havia reencarnado num daqueles filhotes', aí ele riu e disse: 'Como você é boba. Essa aqui é a imagem que você quis guardar de mim, mas um espírito vai muito além de uma imagem. Eu voltei sim para você, mas não do jeito que eu era, justamente para você entender que aparência não é tudo'. Eu falei: 'Mas como eu vou saber quem é você? Tem três!' Então, ele respondeu: 'Vá até lá, o primeiro que você encontrar, sou eu!'.

Acordei, desci, e o primeiro que encontrei era o Pitico, que abriu os olhos uma semana antes dos outros dois! Ele forçava os olhinhos abertos, parecia dizer 'olha como sou eu'. Foi incrível. Eu e meu marido choramos muito!

O Pitico tem os mesmos hábitos do Picoco, dentre eles cavocar um azulejo específico do banheiro. Achava que era demência, coisa de velhinho, descobri que não. Ele também tem medo de ficar sozinho e de brigas; tem os mesmos olhares e é meu grude para tudo!

Consegui bons adotantes para os outros dois bebês e para a mamãe, que não devolvi, claro.

Assim, aprendi a confiar na minha sensibilidade e a ter mais fé na vida e em algo misterioso que nos direciona e nos torna melhor; percebi que o dinheiro não compra o que mais nos é caro e me tornei uma pessoa mais responsável. Quanto à alma dos animais e à reencarnação, sempre acreditei duvidando. Agora tenho total certeza de que existem!"

Julyana Valário

Fonoaudióloga e protetora voluntária de cães e gatos

Juneca

"É... Sou morador de rua sim, já fui maltratado, expulso, traído, até excomungado já fui.

Joguei meu orgulho no bueiro e, envergonhado, peço comida quando estou prestes a desmaiar.

Fui ofendido, tomei tapa no rosto por nada, jogaram-me água enquanto eu dormia, até fogo tentaram, uma vez, colocar em mim. Graças ao Pai não conseguiram... Sem contar que sou humilhado, desprezado e muitas vezes sou invisível para a maioria.

Já chorei, já chorei baixinho, chorei alto com dor e chorei até com desespero. Nunca ninguém se importou.

Aprendi a beber na rua. No começo, para enganar a fome; e, depois, para diminuir a dor e os fantasmas que não têm o que fazer e me perturbam quando, às vezes, consigo pegar no sono.

Bebo sim, bebo muito, mas é para amenizar as dores, esquecer as lembranças, diminuir as lágrimas.

Você acha que eu, sabedor de tudo isso, permitiria que meu amigo Juneca sofresse algum desconforto? Ah, se liga! O único que não me larga, nem quando estou bêbado, nem quando enlouqueço ou fico rindo como um bobo por horas. O Juneca é parceiro. Amigo de verdade! E enquanto eu viver, ele vai ser o príncipe dessa rua de pessoas que não têm olhos para ver e nem coração para sentir, mas só bocas para ofender e dedos para apontar. Passam aqui e ficam falando: 'que cachorro bonito'; 'Pobrezinho, morando na rua...'.

Eles não percebem que o Juneca é lindo porque eu cuido, porque eu o alimento, e ele não vive na rua, vive comigo! Dá as voltas dele, mas vive comigo!

Um dia o Juneca falou, tu acreditas? Falou comigo, eu juro.
Disse que é meu protetor, disse que Deus que o mandou!

Ah! Ou ele ficou louco ou eu que estava bêbado, você acha que o Pai mandaria o Juneca pra cuidar de mim? Imagina, o Juneca é muito fera pra ter a vida dele e cuidar da minha, tu não acha? Eu não sou ninguém."

Relato de um morador de rua da região do Centro de São Paulo, transcrito por Maurício Galvão.

"Ele riu alto e eu o ajudei a se levantar, entreguei-lhe a marmita e ele me apertou a mão e disse para eu ir pela sombra, o Juneca correu e mordeu meu calcanhar, brincando, como sempre faz, e voltou feliz para perto de seu amigo, o seu protegido por ordens de Deus."

Mauricio de Souza Galvão
Estudante

Tutti, Tuta, Tutu...

Realmente basta-lhe o "Tu", que ela já fica de prontidão. É a cadelinha rosada e baixinha de um casal de vizinhos meus.

Eu os conheci, pois deixava um cartão na minha porta com meu telefone e blog. Um dia, o Bruno bateu e disse: *"Eu vi que você é bióloga. Topa me ajudar num projeto?"*. Ora, lógico!

O projeto envolvia a organização de um evento para a vizinhança se conhecer melhor e também para falarmos sobre a importância de temas como doação de bens a quem precisa, adoção de animais, cuidados com o meio ambiente, coleta seletiva e compostagem. Teve aula experimental de yoga e de capoeira. Algumas vizinhas ficaram responsáveis por organizar os bens arrecadados e destiná-los a uma ONG que cuida de idosos.

Gostei deles! Especialmente por não terem os preconceitos e inseguranças dos casais que se isolam em seus mundinhos!

A Tutti, consequentemente, também é gente boa! Chegou em casa já fazendo amizade com toda a gatada, incluindo os que estavam de lar temporário!

"A maneira que ela sempre me espera, mostrando o quanto se importa comigo e como ela mostra o quanto confia em mim, me fez observar como o amor está nos pequenos gestos. A chegada dela me ajudou a me reconectar com minha verdadeira essência, tornou-me mais amável e mais responsável", conta Denise.

Ambos a amam como filha e afirmam que perceberam, por cuidar dela, o quanto suas ações, mesmo as mais cotidianas, influenciam outras vidas.

Bruno fala que a Tutti é a *"manteiguinha que os mantém unidos"* e conta que notam o quanto eles projetam nela coisas boas e ruins, mas que usam isso para compreender mais a si mesmos e aprender a lidar melhor com os demais seres vivos.

Ele pensava que não saberia como ser um bom pai, já que cresceu sem um exemplo masculino, mas descobriu, com a Tutti, que tem em si todos os potenciais de que precisa, que apenas faltavam despertar.
Hoje, eles levam um estilo de vida minimalista. São vegetarianos e deixaram seus empregos tradicionais para fazer o que realmente amam.

"A Tutti ajudou muito nessa transformação e continua nos tornando pessoas melhores."

Bruno Soares

Palestrante e terapeuta;

Denise

Professora de ioga

Bia, de Bianca

Eu estava tendo um mês daqueles... Meio que em crise existencial. Saí e voltei bem tarde; ou melhor, cedo. Estava muito frio, garoava.

Em um cruzamento pelo qual passava sempre, vi, pela primeira vez por lá, uma cachorra grande, andando devagar e com a cabeça abaixada. Ela não olhava para frente, só para baixo. Caminhava com um dos aspectos mais tristes que já vi até hoje. De repente ela parou bem no meio da rua. E o semáforo ficou verde para os carros.

Torci: "*Vai, anda! Vai*!" E nada. O rosto para baixo, a caminhada até o meio da rua, na garoa... Parecia que ela havia simplesmente desistido. Senti uma dor imensa.

Subi com o carro na calçada. Corri para lá, peguei-a no colo e a coloquei no carro entre o banco do passageiro e o painel. Ela não rosnou e não se opôs nem mesmo se assustou. Estava apática demais para ter qualquer reação.

Sentei ao seu lado e fiquei um tempo sem reação. Reparei que havia sangue nas minhas mãos. Algo sangrava, eu nem sabia o que era. Fomos à Clínica São Bernardo[4]. Conheço todos de lá e são de minha confiança.

Lá, drenamos muito líquido inflamatório sanguinolento de um tumor gigante de mama que já estava se rompendo. Ela tomou banho, foi

[4] Clínica Veterinária São Bernardo – Rua José Bonifácio, 590, Centro de São Bernardo do Campo, São Paulo.

escovada, medicada. Tiramos os carrapatos e marcamos um raio X por conta da respiração ruim.

Ela tinha mais de dez anos – o que é muito para um cachorro tão grande – artrose nos quatro joelhinhos, a coluna e as patas tortinhas, marcas de maus-tratos e grandes cicatrizes de queimadura.

Coloquei-a no carro novamente. Ela finalmente levantou a cabeça e me olhou nos olhos. Tão velhinha, já deve ter tido um nome.

Não esperando nada, lógico, perguntei: Qual seu nome? E ouvi em minha mente (não sei explicar, só ouvir): *"Bia, de Bianca"*.

Meio descrente, disse: Bia? E ela reagiu como um cachorro quando ouve algo como "quer biscoito?". Era o nome dela! Todos os testes que fiz depois com outros nomes e outras pessoas, só esse ela atendia de pronto!

E agora?

E agora nossos destinos já estavam ligados. Eu não iria frustrar aquele ser inocente que já havia depositado sua confiança em mim.

Fomos para casa, levei uma bronca. Mas em menos de uma hora, minha mãe já estava apaixonada e, cheia de compaixão, disse: *"Quando ela estiver bem, não vamos doá-la. Essa fica"*.

A Bia me obedecia em tudo. Eu disse que era para fazer xixi no jornal. Mostrei o ralo com o jornal e ela nunca fez nenhum xixi em outro lugar, nem o primeiro! Ela tomava um remédio bem amargo para dor. Eu colocava as gotas na minha mão com um pouco de leite condensado. Ela lambia, fazia careta e parava. Eu falava para ela continuar que lhe faria bem, então ela tomava tudo. Quando eu lhe dava injeção, ela apertava os olhos, mas nunca mostrou os dentes. Depois de a agulha entrar, abria os olhos e me olhava com carinho até terminar o procedimento.

A primeira vez que ela viu meus gatos, latiu como se fosse matar um. Conversei com ela. Falei que os gatos eram os novos amigos dela e que ela não podia assustá-los. Ela simplesmente não latiu mais para eles! Nem mesmo no segundo contato.

Aquele cachorrão enorme me compreendia. Parecia entender português, tal como eu conseguia sentir o que ela pensava. Era diferente, incrível! Eu mesma me surpreendi muito!

Nos primeiros três dias ela se assustava com qualquer coisa e reagia como se fosse apanhar toda vez que terminava de fazer xixi. Comecei a elogiá-la quando fazia. No quarto dia, ela fez xixi e veio até mim balançando o rabo e olhando o xixi! Fiquei feliz, elogiei mais ainda.

No décimo quarto dia, dois dias após retirarmos o tumor, ela roeu seu primeiro biscoito. Parecia sorrir, nunca a vi tão feliz! Deitei-me ao seu lado e ela ficou me dando narigadas. Fazia cócegas, era legal demais!

A parte ruim era que seus exames pré-operatórios estavam horríveis. Tudo fora do padrão e havia metástase nos pulmões. Só tiramos o tumor maior, pois crescia demais e tinha que drenar o tempo todo... e quanto mais se mexe em tumor, pior.

A indicação da veterinária era deixá-la comer tudo o que quisesse, brincar à vontade e tomar a quantidade de corticoide que precisasse para respirar melhor. Ela teria no máximo mais seis meses de vida e merecia ser feliz, não nos preocuparíamos com efeitos colaterais que nem teriam tempo de aparecer.

Três meses depois, os corticoides pararam de fazer efeito e os tumores no pulmão haviam crescido sem dó. Ela ofegava. Numa tarde, ela estava deitada no meio da sala, com os três gatos encostados em seu corpo. Eles nunca haviam dormido encostados nela, ainda estavam se adaptando. Fizeram isso do nada e todos ao mesmo tempo. Havia algo errado.

No dia seguinte ela não abaixava a cabeça e parecia sufocar. Conversei bastante com ela. Agradeci muito sua passagem, queria ter podido viver mais tempo com ela. Não poderia deixá-la assim. Nenhum remédio diminuía sua agonia.

Fomos a uma amiga de meu pai que aplicava Reiki nas pessoas. Ela tratou a Bia. Depois, ao veterinário. Fiquei com ela até que partisse.

A Bia ficou comigo numa fase difícil para mim. Eu a ajudei como pude, mas acho que ela me ajudou mais! Foi muito bom poder cuidar dela e ver como se recuperava emocionalmente a cada dia. Cães são doces demais. Às vezes o corpo não responde, mas a alma se cura rapidamente. Os traumas parecem passar.

Foram três meses apenas, mas três meses em que a amei de verdade e fui retribuída. Três meses em que uma vida inteira de dor foi perdoada.

Não há tempo que não valha a pena. Nem saudades que sejam desculpa para sermos egoístas.

Até hoje, quando abro um pacote de biscoitos, sinto falta dela: um para mim, um para ela. Um para mim, outro para ela. Até acabar! É muito legal ouvir cachorro mastigando: rock, rock, rock!

Ainda vou adotar outros cachorros velhinhos. Dar-lhes uma vida digna, mostrar que aqui pode ser um bom lugar. Mesmo que vivam pouco, poderão ter vivido de verdade.

Adote um cão velhinho! Há muitos em abrigos, Centros de Zoonoses, com protetores independentes e em ONGs apenas esperando uma chance. Mude um destino e dê-se a chance de aprender com eles.
Faça a vida valer a pena!

Thalassa Possatto Furbetta

Bióloga, autora deste livro e do Blog Como Cuidar Bem:

http://comocuidarbem.blogspot.com

Floquinhos, Nick e um monte de gato

Minha mãe, Lourdes, conta que desde que se conhece por gente, tem cachorro por perto. Ela é dessas pessoas que acariciam todos os cães que passam por ela na rua.

Quando criança, ela morava em um local grande, onde havia cães, galinhas, pintinhos e muitos periquitos, entre outras aves. Cada um deles tinha nome, pois ela conversava com todos. As gaiolas ficavam sempre abertas, mas os pássaros sabiam qual era a de quem e voltavam a elas para descansar. Também deixavam que ela fizesse carinho neles. Não tinham medo. Ela sempre diz:

"Cada bicho, desde o passarinho ou mesmo os pintinhos, que parecem mais bobinhos, comunicam-se entre si e conosco, mostram como se sentem e que são gratos quando nós os tratamos bem. Expressam-se cada um ao seu modo.

Nenhum animal merece viver dentro de uma gaiola ou confinado num zoológico ou aquário. Eles são vida, não enfeites. Devemos respeitá-los como seres vivos, como nós mesmos."

Após se mudar para uma casa, já na cidade, ela adotou dois cães: o Floquinho 1 e, depois, o Floquinho 2. *"Quanta criatividade..."*, ela mesma brinca.

"O Floquinho 2 era lindo como um floco de neve, surfava no quintal em dias de muita chuva e depois trazia a toalha na boca para que a gente o enxugasse.

Só que foi atropelado por um descuido de minha mãe, que o chamou e não percebeu que vinha vindo um carro. Era costume os cachorros passearem pelo bairro e brincarem com os cães da vizinhança, não sabíamos o quanto isso era perigoso.

Então, meu namorado da época, que presenciou nossa tristeza, deu-me um pequinês: o Nicky. Por conta do momento, Nicky foi superprotegido e muito mimado, assim, achava-se o dono da casa e se impunha sobre todos nós. Só obedecia ao meu pai, sua pessoa favorita, uma pessoa bastante dura, mas que também amava o cachorro.

Um dia, fomos à praia e ficamos numa casa, e, daí a algumas horas, o Nicky sumiu. Certeza que o puxaram pelo portão. Rodamos por todo o pedaço, sempre chamando seu nome. Ao passar por uma determinada casa, ouvimos um choro semelhante ao dele, batemos palmas, um sujeito apareceu, perguntamos do cachorro e ele disse não ter visto nenhum... E a gente ouvindo o chorinho de um bicho ali dentro da casa. Rezamos tanto... que, depois de um tempo, ouvimos o latido do Nicky no portão. Olha a esperteza do cachorro, que em tão pouco tempo já sabia se orientar num lugar em que ele nunca havia estado! Quando a gente o viu, foi aquela choradeira, muita emoção e o cachorro parecia querer contar o que aconteceu com ele: 'arf, auf, unf, unf'. Naquela noite, mais do que nunca, ele ficou grudado no meu pai, e de momento em momento, ele nos olhava e suspirava longamente um 'rauuuuuunf', como quem diz: ´Aff... Graças a Deus eu estou aqui´. Foi emocionante!

Embora extremamente chato e mimado, o Nicky nos ensinou muito com sua inteligência, perspicácia e sensibilidade. Ele nos mostrava, abanando o rabo ou rosnando, ficando perto ou se escondendo, quem era uma pessoa confiável e amiga e quem não era. Nunca errou! Foi um exemplo do que é não julgar pela aparência ou pelo que se fala, mas sentir o que cada um realmente é dentro de si.

Quando a Thalassa nasceu, Nicky a recebeu superbem, não houve ciúme, pelo contrário: ele a protegia, ficando perto do carrinho. O Nicky nos ensinou a união; ensinou ao meu pai amor e paciência, a ser tolerante e mais respeitoso com todos e com a natureza.

Depois vieram os gatos, que a Thalassa atrai por onde passa desde bebê; muitos tinham donos, mas ficavam aqui em casa. Assim, aprendi a admirar e amar gatos, que nos ensinam um misto de amor com individualidade, respeitando e querendo ser respeitado.

Gatos são muito diferentes do que a ignorância popular prega: eles amam seus donos, fazem questão de companhia, demonstram seus sentimentos – ao seu modo, que é diferente do nosso e diferente do dos cães, mas é tão verdadeiro quanto – eles têm muita personalidade, são afáveis, doces, limpos, sinceros, fiéis, parece que já nascem sabendo onde fazer xixi, como se limpar.... Eles me conquistaram!

A convivência com gatos nos ensina que cada um tem seu modo de se expressar e a não julgar o que o outro sente pela maneira que ele tem de mostrar ou guardar isso. É uma aula de não julgamento do que nos é desconhecido, diferente ou complicado de entender. Por isso que são animais mal julgados, mal interpretados.

A Lila (cadelinha que tivemos) chegou bebê, com mais ou menos um mês, e o Garfield, nosso gato bem mais velho, já morava aqui. A petulante enchia tanto a paciência do gato a ponto de derrubá-lo da caminha, várias vezes ao dia, mas o Garfield não estava nem aí, não dava bola e olhava de canto como quem pensa: 'é apenas um bebê'. Ele tinha a maior paciência.

Lila e Lourdes

Aprendemos com ele a cuidar de gato: a complexidade da alimentação, a importância da castração, como é fundamental mantê-los seguros dentro de casa...

Quanto à Lila (Lilão), ela foi minha terceira filha. Ela me ensinou o amor que independe de palavras, mostrou como ficava preocupada comigo, pois sabia quando eu não estava bem e ficava ao meu lado, grudadinha como que querendo mostrar: 'estou aqui, tá?'. A Lila lia meus pensamentos e antecipava as minhas ações. Era impossível pegá-la de surpresa para dar banho ou remédio...

Desde os seis anos, a Thalassa costumava vir da rua com um cão ou gato, todo estropiado, além dos que apareciam voluntariamente por aqui. A gente os levava ao veterinário e cuidava deles o melhor possível. Alguns não resistiam, vítimas de abandono e de maus-tratos, mas, para a maioria, conseguimos bons adotantes. Cuidamos de animais deficientes e de velhinhos também. Todos muito doces e gratos. Quando adotados, parecem apagar seus traumas e se tornar felicidade e gratidão em forma de vida. Cada um é uma verdadeira lição! Tornei-me absolutamente contra o comércio de animais, ele é um dos maiores geradores de tanto abandono e sofrimento.

Hoje tenho duas gatas resgatadas, Kira e Maya, e ajudo mensalmente protetoras voluntárias de animais que conheço pessoalmente e em que confio. Ajudo também, como madrinha, uma ONG com abrigo para cães velhinhos em Parelheiros (SP).

Penso que os animais nos transmitem tanto amor, um amor incondicional, e, mesmo quando mimados, como o Nicky, são gratos porque os acolhemos e cuidamos deles e são nossos protetores físicos, emocionais e espirituais.

Vibro todo meu amor e gratidão aos animais que passaram por nossas mãos e aos que ainda virão! Deus os abençoe sempre!"

Lourdes Possatto

Psicoterapeuta, professora de biodança e escritora: http://lourdespossattoblog.blogspot.com/

Isis, Tron e Gunter

Humberto sempre conviveu com um ou outro gato de sua mãe naquela época em que os gatos passeavam livres pelo jardim e os muros eram baixos. O Bolinha era bipolar; já o Mignon era sempre de ficar pertinho.

Ao ir morar em São Paulo, resolveu adotar alguns gatos e tornar seu apartamento um lar seguro e agradável para dividir com eles.

"Fui à ONG Adote um Gatinho[5] para conhecer alguns candidatos. Fiquei numa sala com mais de 30 gatos, mas um deles não desgrudou de mim: uma mocinha que só queria colo. E, claro, fomos para casa juntos! Essa é a Isis. Sempre curiosa, ela é uma gata muito inteligente, do tipo que só falta falar o que pensa, faz questão de mostrar suas emoções e vontades, sempre faladeira (ou 'miadeira'...). Grandona é a líder do território, e não mede esforços para dizer que o 'pedaço é dela'. Mas é um amor de gato e adora humanos.

Um tempo depois, um gatinho filhote praticamente forçou sua entrada na casa da minha mãe, em Caraguatatuba. Ela já tem quatro gatos adultos, mas ninguém teve coragem de negar a vontade daquele serzinho com tanto ímpeto. Mesmo assim eu acabei trazendo-o para São Paulo, onde ele busca conquistar o território da Isis. Esse é o Gunter: muito brincalhão, adora que joguem a bolinha dele, a qual ele traz na boca de volta para a brincadeira não parar. É um caçador nato, de cordinhas e barbantes, claro. E também é autor de saltos de quase um metro, o que é bem impressionante de ver.

Moramos com o Tron também. Adotado, depois, na mesma ONG, era pequeno, branquinho e assustado.

[5] http://www.adoteumgatinho.com.br/

Ele teve rinotraqueíte logo que chegou, tratei-o por um mês sem descanso. Hoje é um gato marrom, daqueles que te seguem pelos quatro cantos. Sempre companheiro, é do tipo feito de amor. Tem preferência especial por ficar no meio das minhas pernas e gera uma espécie de balanço harmônico entre a Isis e o Gunter.

Eles são meus companheiros, membros da família. Mostram o quanto é possível a adaptação e convivência com outra espécie. Eles são exemplo de cuidado com o próximo, demonstrando dedicação e amor sem expectativa de retorno – puro e pela simplicidade de ver e fazer o bem.

Com eles eu aprendi a ter paciência, solidariedade e amor. Não só com relação aos três em particular, mas sim com todos os seres vivos. Cuidar deles me tornou mais ciente do valor da vida, da inteligência de cada ser de outra espécie senciente passível de amor, cuidado e respeito. Por compreender isso tudo, tornei-me vegetariano. Foi uma transição lenta, mas possível. E me sinto bem assim.

Enfim, penso que temos que ser pessoas melhores por eles! Eles merecem."

Humberto Pozitano Fabrette

Diretor executivo e produtor musical

Cristal

"A Cristal foi a primeira e única cadela que tive.

Nós éramos uma família de classe média ascendente e minha mãe decidiu que só teríamos um cão se fosse o mais lindo e chique possível, um bibelô. Então, aos meus oito anos, meus pais me levaram a uma criadora de shih tzus[6] *que tinha como matriz uma fêmea muito premiada em concursos de beleza... Lá eu escolhi o filhote que mais me chamou atenção: uma pequena fêmea que ficou derretida no meu colo.*

Eu me sentia hipnoticamente feliz por poder manusear um animal pequeno que chamaria de 'meu'; porém, a Cristal passou poucos dias em casa: nosso apartamento tinha muitos carpetes e ela fazia xixi em todos... Meus pais não tiveram paciência de educá-la, então, minha mãe decidiu deixá-la com meus avós.

No começo, meus avós não a queriam, reclamavam, mas acabaram cedendo. A Cristal atendia a meu avô com muito carinho, inclusive quando ela precisava tomar remédio. Ele a levava para passear todos os dias e garantiu a ela uma vida boa durante 10 anos.

No dia em que ele faleceu, minha avó veio dormir em casa e a Cristal passou a noite sozinha no apartamento dela.

No dia seguinte, minha mãe não queria que trouxéssemos a Cristal para nossa casa e, então, ela dormiria também o segundo dia sozinha e sem comida. Pior que meu pai e minha avó apoiaram isso.

---

[6] Shih tzu é uma raça de pequenos cães de companhia de pelo longo, originária do Tibete.

Foi apenas após ligar para o meu ex-namorado e levar o melhor esculacho de responsabilidade que eu tomei na vida, que eu finalmente fiz um escândalo em casa e convenci meu pai a ir buscar a Cristal.

Chegando lá, ela estava assustada, veio para perto de nós, mas ficava meio sem reação aos carinhos. Ela havia se sentido abandonada e eu quase a deixei passar mais um dia assim.

Foi nesse choque que eu percebi o quanto eu havia sido irresponsável. A Cristal era minha responsabilidade e, apesar de eu não ter tanto poder dentro do meu lar, de minha mãe ser muito teimosa e temperamental, eu poderia ter insistido mais, eu poderia ter brigado antes, eu poderia ter assumido o meu dever mais cedo... Mas fui ignorante, aos moldes de minha criação, e demorei dez anos para despertar.

Ao menos nos três últimos anos de vida da Cristal, já uma senhorinha, cuidei dela com muito amor e carinho. Confortava-a quando ela convulsionava, eu a medicava e a alimentava.

Em meu colo, mostrava-lhe o sol: 'Olha, bebê, é Deus.' Ela realmente olhava! Eu a colocava para dormir em minha cama, desembaraçava seu pelo... Tentei fazê-la feliz ao máximo.

Era difícil. Meu pai não respeitava a alimentação adequada dela e minha mãe implicava constantemente com as menores coisas.

Pouco depois de completar 13 anos, a Cristal convulsionou, de madrugada, e desmaiou na porta do meu quarto logo após me olhar nos olhos. Fomos ao veterinário, mas ela não resistiu.

Eu demorei pra me perdoar por ter sido tão irresponsável; mas, hoje, vejo que eu só agi como fruto do meio em que cresci. Era difícil viver em guerra com meus pais todos os dias.

Foi muito importante, para mim, sentir, em meu colo, um ser mais dependente do que eu. Isso me obrigou a começar a refletir por conta própria – e não mais submissa aos meus pais, como sempre havia sido. Comecei a me perceber como eu, não mais como mera extensão de outro ser.

Meus pais não faziam ideia do que era cuidar de um animal, haviam decidido comprá-la para satisfazer um desejo momentâneo, sem dosar com qualquer responsabilidade em que isso acarretaria. Ver a forma com que ambos tratavam a Cristal me ajudou a perceber como eles realmente me tratavam, era como um reflexo.

Assumir a Cristal e cuidar dela decentemente nos seus últimos anos me fez compreender que amor de verdade só existe quando há aceitação do outro ser do jeito que ele é. E isso é imensamente diferente do que faz aquele que afaga tua cabeça e te diz que te ama para satisfazer a própria carência, mas que te abandona quando você não mais lhe convém.

Amor assume, cuida, respeita, se responsabiliza e não abandona. Ah, e é desrespeitoso comprar um ser vivo como se fosse uma posse, um objeto – isso faz com que as pessoas creiam que possam tratar os animais como bem entenderem e descartá-los quando quiserem.

Sou profundamente grata por tudo o que a Cristal me ensinou, principalmente por me tirar da anestesia de ilusões em que eu vivia e começar a pensar numa forma de ser independente e forte para ter poder de ação no mundo.

Ela não me acompanhou até eu conseguir isso, mas me fez dar meu primeiro passo. Ela cumpriu sua missão de abnegação e perdão constantes e hoje posso dizer que a honro em cada momento que ajo com amor, carinho e responsabilidade na causa animal e fazendo dos meus gatos atuais - adotados, claro - animais muito felizes.

Maria Fernanda Balazs
Educadora consciencial

Fofinho

A família do gato Fofinho teve que se mudar às pressas para Bahia e pediu a Abghail para cuidar temporariamente dele até que se estabelecessem no novo local.

Logo nos primeiros dias, Fofinho se mostrou super triste e começou a ficar arisco. Um tempo depois, nem parecia que havia motivo para ele ter esse nome: mostrava-se irritado, não aceitava carinho e ainda avançava em quem se aproximasse, pessoa ou animal – atacava raivoso, do nada. Tanto que a Abghail decidiu por deixá-lo sozinho em uma das baias do gatil.

Os dias se passaram e nada da família de Fofinho entrar em contato; aliás, eles sumiram, não atendiam aos telefones, não respondiam as mensagens... Quando finalmente atenderam e ouviram o que estava havendo disseram não querer mais o gato: "*se você gosta mesmo dele e não quer que acabe morrendo nas ruas, cuide dele você*".

Irritada, triste e com a noção de que seria muito difícil alguém adotar um gato adulto e arisco daquele jeito, Abghail resolveu adotar Fofinho. Tirou-o da baia e passou bastante tempo dedicando-se a mostrar que agora ele tinha uma nova família. Foram sete anos tentando. Ele ao menos parou de atacar os outros, mas sempre estava triste e solitário, não permitindo qualquer afago.

Fofinho começou a apresentar problemas intestinais graves. Foi feita uma cirurgia de difícil recuperação. De volta, algo não deu certo e grande parte de seu intestino saiu de seu corpo: nova cirurgia seria necessária.

Com muitas dívidas por conta dos outros animais (sempre em maior quantidade que é possível), aluguel do local do projeto Sempre Cabe Mais Um, problemas com inquilino e com outros animais resgatados doentes, a correria foi geral para conseguir levantar dinheiro para a cirurgia.

Nessa época, eu já era madrinha no projeto e ajudava mensalmente. Ao tomar conhecimento dos fatos e sabendo que é muito raro gatos sobreviverem a quaisquer cirurgias envolvendo intestino, e que Fofinho não permitiria os cuidados pós-operatórios, vindo a sofrer sem chances de melhorar, sugeri eutanasiá-lo. Felizmente não o fizeram.

Com o dinheiro levantado, a segunda cirurgia foi realizada e o gato voltou para cuidados posteriores. A cada momento de dedicação, que se intensificou muito, Fofinho se mostrava mais dócil e agradecido. Pela primeira vez, em tantos anos, ronronava, roçava nas pernas da Abghail e retribuía-lhe o carinho. Mostrava-se feliz, como quem se sente em família de novo.

A segunda cirurgia também não deu certo e em pouco tempo ele partiu. Mas: "*Ele partiu feliz, finalmente sabendo que foi amado e que teve uma família. Ele me ensinou a nunca desistir, a sempre dar o melhor de mim, a fazer o que meu coração pede. Eu o amei de verdade e sinto que, no final, foi recíproco. Valeu a pena*", contou-me Abghail.

Abghail Deaij Carlucci

Idealizadora do projeto Sempre Cabe Mais Um, Mairiporã, São Paulo

Para ajudar, entre em contato por WhatsApp: (11) 9 8115 1084.

Sallen

"Eu morria de medo de gatos. Era pânico mesmo! Um dia, a filha de uma vizinha, ainda muito nova, veio a mim com um gatinho preto, minúsculo, abandonado para morrer num mato próximo. Ainda mamava. Apenas o deixei ficar porque sabia que ele não sobreviveria sozinho e a vizinha não queria acolhê-lo, nem todas as pessoas para quem perguntei. Eu o doaria assim que conseguisse alguém interessado. Forrei a banheira e o coloquei lá dentro. Fiz uma amiga minha vir morar comigo apenas para cuidar dele, já que eu não conseguia nem ficar perto. A porta do banheiro passou a ficar sempre fechada.

Numa manhã, acordei com o gatinho amassando pãozinho[7] *no meu cabelo. Entrei em pânico, não conseguia me mexer. Ele escapou do banheiro não sabia como. Minutos depois, minha amiga chegou e eu gritei para ela me socorrer, ela só ria e falou que é dessa maneira que os gatos demonstram amor.*

Após esse dia, ele passou a ficar solto pela casa e eu voltei a morar sozinha, mas a presença dele ainda me deixava um tanto apreensiva. Com o passar dos meses, a gente se aproximava respeitosamente. Ele fazia muitas gracinhas, me dava carinho, brincava com sua bolinha... Acabei me apaixonando!

Sallen foi como o batizei. Ele me mostrou que gatos não eram traiçoeiros de maneira alguma, nem preferem a casa ao dono. Isso tudo é bobeira de gente que não sabe o que fala. Hoje, gatos são meus animais favoritos!

Quando o Sallen tinha sete anos, no intervalo de apenas dois meses, meu casamento acabou, fiquei sozinha numa casa gigante, fui feita refém durante um assalto nessa mesma casa, no qual levaram quase tudo e depois fui atropelada por um carro. Foi como se meu mundo desabasse de repente. Eu ficava cada

[7] Massagem que os gatos fazem com as patas enquanto mamam.

vez mais atordoada, dispersa e com manias estranhas como conseguir ficar apenas na sala; por isso, passei a dormir no sofá. Não me arrumava mais e emagreci 12 quilos.

Num final de tarde, estava deitada de bruços no sofá. Aquela tarde parecia ser minha última. Pela manhã eu havia tido uma alucinação visual em que havia um mar de balas de abóbora em formato de corações amassadas no chão da cidade, na hora senti algo horrível.

Atordoada e sem forças para fazer qualquer coisa, deitei-me de bruços no sofá. De repente, o Sallen se deitou bem esticado nas minhas costas de um jeito que nunca tinha feito antes. Aliás, ele ficava no colo por poucos segundos, mas dessa vez ele ficou por mais de três horas. Eu me levantei porque senti muita sede, coloquei-o no sofá e fui para a cozinha. De lá ouvi um barulho estranho que me fez voltar, o Sallen havia caído do sofá de barriga para cima e estava com os olhos virados.

Saí correndo com ele no colo em direção a um veterinário 24h que ficava logo na esquina. Lá, aplicaram uma injeção de adrenalina nele, pois seu coração havia parado. Ele abriu os olhos e começou a sangrar por todos os orifícios. Foi uma cena de terror das piores. Fiquei desesperada, o veterinário me tirou à força da sala.

Chamamos minha mãe. O veterinário não sabia precisar o que houve. Encaminhamos o corpinho para necropsia na cidade ao lado, pois a suspeita era envenenamento e eu não deixaria isso quieto.

Enfim, nada me restava e minha mãe sabia disso, por isso dormiu comigo naquela noite.

Pela manhã, consegui tomar banho espontaneamente, me arrumar, tomar café da manhã... Era como se estivesse curada. Minhas esperanças voltaram, bem como minha vontade de viver. Minha mãe não entendeu nada, nem eu.

No mês seguinte, o laudo da necropsia saiu e trazia detalhes como a espécie das plantas que ele tinha no estômago, inofensivas para gatos, e até a composição da ração que ele havia comido. Mas a causa da morte era indefinida. Não foi envenenamento. Não sabemos o que aconteceu.

Eu realmente creio que o Sallen trocou a vida dele pela minha. Foi como se, deitado nas minhas costas, ele tivesse absorvido para ele tudo o que me fazia mal. Eu vivi seu luto, mas como uma pessoa saudável, e me tornei eternamente grata. Adotei muitos outros gatos e hoje dedico meu tempo livre aos animais abandonados e que mais precisam de amparo."

Paula me contou que nunca tinha tido depressão ou outros problemas neurológicos antes dessa época, nem voltou a tê-los. Ela também nunca teve outras alucinações e se considera ateia. Relata que, após esse episódio, tornou-se menos radical em seu ateísmo e muito dedicada a dedicar aos gatos o amor aprendido com o Sallen.

Ana Paula Randazzo

Consultora de Moda e Estilo, formada em Comunicação Social e em Moda

Galerinha do estacionamento

Branco, Kappa, Preto e Neguinha eram os nomes dos quatro cães que moravam no estacionamento onde Sidinei parava o carro.

"A primeira vez que os vi estavam horríveis, vivendo precariamente. O Preto, então... Por causa de uma alergia, tinha um aspecto que causava repulsa em algumas pessoas; mas, felizmente, em outras, gerava vontade de ajudar."

Então, ele se reuniu a outras seis pessoas que passaram a cuidar dos cães lá mesmo: muito carinho, ração boa, banhos, veterinário... Alguns outros clientes do estacionamento ajudavam com doações e também davam afago aos animais: afinal, cães precisam desse contato conosco. Assim, os quatro ficaram bonitos, gordinhos e felizes.

"Eles sempre retribuíam nossos cuidados com muita festa e carinho! Eram exemplos de gratidão na prática."

Com o tempo, um deles morreu envenenado, o que fez com que os outros dois fossem prontamente adotados e levados às casas de duas das pessoas que ajudavam. O outro acabou não resistindo a um câncer, mas teve o amor do grupo quando mais precisou.

"Levo para mim que existem pessoas más (poucas), aqueles que não se importam (maioria), mas também existem as pessoas boas e que botam a mão na massa para ajudar. Podemos escolher quem queremos ser e com quem queremos estar."

"Os animais fazem aparecer o que algumas pessoas têm de melhor; aliás, talvez despertem isso nelas."

Sidinei Pereira da Silva

Licenciado em Biologia

Uriel e Aniel

Maria Fernanda, ao observar que o gato da vizinha de uma amiga vivia morrendo de fome, malcuidado e era super magrinho, foi perguntar a tal vizinha o que acontecia. A vizinha disse que lugar de gato era fora de casa e que ele comia só duas vezes por semana para não ficar fresco.

Achando aquilo um absurdo, pois realmente era, Maria pediu que ela lhe desse o gato, já que parecia não gostar muito dele mesmo. A vizinha negou. Então, Maria aguardou algumas semanas e o furtou.

Hoje, Uriel é um gato gordo, saudável e feliz. Seu pelo preto brilha como veludo. Ele dorme na cama e é bastante carinhoso.

Gostando muito da experiência de salvar um gatinho, Maria decidiu que mudaria a vida de outro bichano: um que fosse traumatizado e sem esperanças. Então, após um resgate de animais maltratados de que participei, ela escolheu o mais assustado e que sempre parecia triste...

O escolhido foi Aniel, um lindo e enorme gato amarelo, já adulto, que agora é feliz, demonstra muita gratidão, brinca e ronrona o tempo inteiro e ama muito seu irmão preto!

"Gatos são muito explícitos quando eles querem carinho. São o exemplo de que quando você quer afago, você pede. Não precisa fazer chantagem, nem machucar alguém, como meus pais faziam. Não tem problema em pedir carinho.

Quando vejo os gatos se mordendo e, logo após, dormindo abraçados, observo que há momentos em que ninguém precisa ter razão. Vale mais perder a discussão do que perder o tempo de se gostar e esperar que a vida nos ensine a ser melhores. É importante sair dessa postura de 'eu que vou ensinar a lição que o outro tem que aprender'."

Maria Fernanda Balazs

Educadora consciencial

Ted, Tel e Miaus

A Tia Malu tem 73 anos e ainda não se aposentou. Faz questão de trabalhar todos os dias. O lugar não é perfeito, as pessoas não são muito legais, algumas têm o ego maior que o prédio todo, mesmo assim ela os trata muito bem, independentemente de merecerem ou não.

Ela sempre faz mais do que esperam dela e mais do que seu trabalho exige. É uma questão de capricho. É dedicada e sempre está cantando e sorrindo.

Eu a admiro porque mesmo trabalhando entre seres venenosos, ela não perdeu a esperança no ser humano e nem mesmo se contaminou, pois não faz mal aos outros e não é desconfiada ou tensa. Aliás, era a única pessoa daquele lugar onde eu trabalhei que não vivia tensa, com aspectos de medo do futuro ou de alguém vir lhe fazer mal.

Claro que fui perguntar muitas coisas para ela, inclusive sobre os animais.

Ela me contou que mora com uma das filhas e dois cachorros que foram adotados: o Ted e o Tel. Eles vivem dentro de casa, dormem na cama com ela.

"Sempre quando chego, eles fazem a maior festa. Quando falo 'A vovó chegou' eles pulam mais ainda, quase me derrubam entre patadas, lambidas e rabinhos que balançam sem parar."

Em sua família também há dois gatos chamados Miau e Miau. Sim, eles têm o mesmo nome. São de uma neta dela.

"Eles fazem a gente sorrir e voltar a ser criança.

As histórias deles não têm nada demais, são cães e gatos normais, adotados por aí. Estão sempre felizes e deixam a gente feliz. Tratam a gente bem, com amor, sinceridade e dedicação, independentemente de qualquer coisa, pois não guardam rancor.

Quando o Tel vê alguém chorar, ele se aproxima e chora também. Não apenas consola a pessoa, mas chora: *Uuuuunnnnh, uuuuuuuuunnnnh... E eu falo que ele não precisa ficar triste, mas ele fica mesmo assim... Eles sentem o que a gente está sentindo.*

Os animais deixam a vida mais gostosa, eu não viveria sem eles. São maravilhosos. Estão aqui para nos lembrar de que a vida é boa e nos ensinam tudo simplesmente nos doando seu carinho."

Eu lhe perguntei também porque ela acha que estamos vivos. Qual o motivo disso tudo na opinião dela. Ela respondeu que o motivo é apenas *"ser"* e estar vivo aqui é um presente divino. E ficou feliz por isso e porque acabara de ganhar um pote cheio de lanchinhos!... Não tem como não gostar dela!

Maria Luisa Celante Pedroso

Faxineira terceirizada

Luna

Luciano sempre teve gatos, mas, quando criança, a relação era como a da maior parte das pessoas naquele tempo: sem muita consciência de cuidados, nem tanta proximidade: *"bichos no quintal e pessoas em casa"*.

Ele cresceu, tornou-se o que descreve como uma pessoa totalmente materialista: tinha três empregos e só pensava em ganhar e consumir: *"Uma relação de afeto com algum animal nem me passava pela cabeça"*.

Um dia, ao ir com sua esposa ao supermercado, uma feira de adoção estava acontecendo: *"Minha esposa se aproximou de uma gaiolinha com alguns gatinhos pretos. Ela propôs adotar um deles, mas eu rejeitei a ideia"*.

"Saindo do supermercado, passamos novamente pela feira e a gaiola estava lá, mas somente com uma gatinha preta. Seus irmãos tinham sido adotados. Minha esposa insistiu para adotarmos a gatinha que sobrou e novamente eu não quis. Depois de muita insistência, cedi, ainda que a contragosto.

A gatinha foi batizada de Luna. Ela era muito apegada a mim. Dormia sempre comigo, grudada. Brincávamos direto. Era uma gata extremamente carinhosa. Meu amor por ela crescia a cada dia. A brincadeira favorita que eu fazia com a Luna era chutar bolinha de papel para seu lado, ela a pegava como se fosse goleira de futebol.

Um dia, estava trabalhando e recebi uma ligação da minha esposa. A notícia era trágica. A Luna tinha sido atropelada.

Não tínhamos a consciência de evitar que o gato saísse para passear e o pior acabou acontecendo, como quase sempre ocorre nesses casos. Um vizinho a socorreu e a levou ao veterinário, corri para lá, mas ela não resistiu e acabou falecendo.

Sentei e chorei que nem criança. Foi como se tivesse perdido um filho. Fiquei muito abalado. Foram dias de luto, estava deprimido. Volta e meia, chorava de saudades.

Minha esposa, tentando aliviar meu sofrimento, deu-me o livro 'Todos os Animais Merecem o Céu', de Marcelo Benedetti. Nele, tive acesso a uma gama de informações até então estranhas para mim, como vida após a morte e a evolução espiritual dos seres.

Interessado no assunto, procurei outros livros desse e de outros autores que escreveram sobre a espiritualidade dos animais. Também comecei a estudar a espiritualidade de maneira geral.

Minha esposa me convenceu a adotar outros gatos para preencher o vazio deixado pela Luna. Não quis, de começo, mas acabei cedendo novamente. Vieram dois novos amiguinhos, bem diferentes da Luna. Um bem arisco e outro mais carinhoso, mas nem tanto quanto a Luna.

Depois veio outro amiguinho, depois outro e mais outro... Hoje moro numa chácara. Convivo com quase 60 gatos, 12 cachorros, porquinhos-da-índia e patos. Já cuidei também de uma corujinha que caiu aqui filhote e viveu algum tempo conosco até bater asas para a natureza novamente.

Aquela pessoa que só pensava em trabalhar e gastar morreu e renasceu, nesta vida, alguém preocupado com a espiritualidade e com o amor pela natureza e pelos animais. Eu e minha esposa nos tornamos veganos.

Quem pensa que animais não têm alma, não nascem com alguma missão, que estão à nossa disposição para nossa recreação e consumo está drasticamente enganado. Eles são nossos irmãos na criação e estão evoluindo, como nós. Devemos a eles todo nosso amor e proteção.

O amor realiza grandes transformações na vida das pessoas, e os animais são grandes instrumentos de Deus para esse amor chegar até nós."

Luciano Cruz

Bacharel em Direito e Policial Civil

Sheeba

Pouco após o nascimento de Ryan, sua família lhe deu uma cadelinha bebê que chamaram de Sheeba e, muito cedo, começou uma amizade interessante, como ele me contou.

"Sheeba era muito difícil e ficava irritada por qualquer coisa: ela tinha um monte de neuroses: não gostava que encostassem em certas partes de seu corpo, não gostava de ser surpreendida, não podíamos chegar muito perto se ela estivesse comendo, não podíamos levá-la no colo para passear... Ela passou a tomar antidepressivos receitados pelo veterinário após morder o tio da minha avó.

Eu soube, quando mais velho, que o pessoal da minha família não gostava muito dela... Mas eu sempre a amei. Ela dormia comigo na cama, brincávamos... E ela se dava bem com a nossa gata, apesar de ser meio bruta. Parece que a gata compreendia, aceitava e sabia respeitar.

Penso que ela fazia somente o que queria por ser muito inteligente, apesar de entender o que estava sendo pedido.

Ela era única. Para mim, ela foi a cachorra ideal, pois ela não escondia nem um pouco o que estava sentindo. Eu era uma criança que tinha dificuldade de me relacionar com as outras: achava muito difícil compreender o que estavam sentindo ou querendo se elas não falassem claramente sobre isso.

Então, eu consegui aprender sobre emoções, reações e empatia com alguém que me ensinava isso através de lições muito óbvias para mim. Sobre ela, eu não tinha dúvidas: sabia que ela nunca fingiria nada somente para ser agradável ou para se mostrar educada.

Além disso, quando estávamos com cerca de 15 anos, foi com ela que eu tive a minha primeira experiência com morte, estando totalmente ciente do que estava acontecendo e do porquê estar todo o mundo com os ânimos alterados. Levei-a para dar sua última voltinha... Ficamos juntos até ela partir em paz, de olhinhos fechados."

Ryan Lloyd

Doutor em Ciências Políticas pela Universidade do Texas e pós-doutorado na mesma matéria pela Universidade de São Paulo, onde foi professor voluntário nos cursos de graduação em Ciências Políticas e Relações Internacionais

Thor

Maurício relatou a história que observou de longe: de uma casa em que moravam cerca de 15 pessoas, entre primos filhos, tios, netos e avô, além do Thor, o cãozinho que vivia preso na garagem.

"Viviam da aposentadoria do familiar mais velho e somente Miguel saía cedo para trabalhar. Antes, porém, afagava a cabeça de Thor, que, preso na corrente, junto a sua casinha, ficava feliz.

Miguel era alcoólatra e trabalhava em uma indústria, a marmita que levava todo dia, voltava intacta, não comia por conta da bebida, e, antes de entrar em sua casa, dava a comida para Thor, que parecia esperar por ela.

Estranhava o pobre cão comer tudo, já que tantas pessoas ficavam na casa... certamente o alimentavam... pensava.

Miguel, quando bêbado, isolava-se dentro de si, recolhia-se às suas dores em silêncio, mas brincava com Thor, que brincava de volta, mesmo estando amarrado. A família não permitia que o soltassem.

Um dia, Miguel chegou a sua casa e o caminhão de mudança estava na porta, todos iriam embora, voltariam para o norte do país. Até o Thor estava no caminhão, que, ao se colocar em movimento, pulou, e, correndo, se atirou nos braços do triste Miguel.

E, lambendo sua face, era como falasse: 'a comida que você me dá é a única que me alimenta, a água do seu cantil é a única que ganho durante todo o dia e o seu carinho sincero é o único que conheço'. E assim ficaram os dois, somente os dois, naquela casa. Agora Thor podia circular livre por toda a casa, ganhou até uma cama só pra ele!

E Miguel parou de beber, pois passou a reconhecer um motivo para viver, um verdadeiro motivo para voltar para casa: tinha quem o amava, feliz, a esperá-lo."

Mauricio de Souza Galvão

Estudante

Narayan

Eu estava olhando minha gatinha mais velha e pensando o quanto eu lhe agradeço, entre outras coisas, por me permitir agradá-la: ela fica feliz de verdade e demonstra isso sempre que eu lhe trago um presentinho, de um arranhador-prédio, para ela escalar, a um simples ratinho de pano. Eu falo em presentinho e ela já faz a maior festa, depois faz questão de demonstrar gratidão e brincar ou levar o presente para sua caminha.

Da maneira mais pura e verdadeira, ela aceita o meu amor. Ela se entrega, confia totalmente em mim. Quando tínhamos aquelas cortinas antigas de renda, ela as escalava até o teto e se jogava de costas no meu colo, sem olhar para trás. Eu a colocava no chão e ela fazia de novo. Uma vez eu me desequilibrei bem quando ela se soltou, bati a mão nela, que bateu na mesa, quicou e caiu de lado no chão. Ela parou zonza, pensou um pouco e voltou a brincar. Ela soube na hora que havia sido sem querer, tenho certeza disso.

Eu sou eu, ela é ela. Não é como estar com uma pessoa que tenha se deixado traumatizar pela vida. Ela não me julga. Não se baseia nos outros para me tipificar. Animais são assim.

A Bia, como contei, já estava "calejada" pela vida, mas me deu uma chance e se deu uma chance. Foi feliz, foi cachorro! Valeu a pena!

Em momentos ruins, a Nara reagia bem diferente do que qualquer pessoa esperaria. Como já relatado na história do Gato-Galinha, tive um irmão com problemas sérios... Uma vez, numa briga, ele chutou um tapete. Ela correu, atacou o tapete, virou uma cambalhota e saiu rebolando!... Outra, ele chutou o potinho de leite[1] que eu ia dar a ela. Era o último que tinha e já era tarde para comprar mais. Percebendo que eu fiquei triste, ela ficou quieta ao meu lado, ronronou, como se me dissesse que estava tudo bem por ela não beber leite naquela noite. E beber o leite às 23 horas era ritual sagrado!

O mantra Narayan significa amor e nomeia uma deusa hindu. Diferentemente de Afrodite, o amor de Narayan é aquele que une, seja casais, pais e filhos, amigos..., pois independe de contato sexual. Por isso escolhi esse nome para ela, minha filha, minha eterna irmã de alma.

Essa gatinha nasceu em cima do telhado de uma vizinha, que a recolheu junto à mamãe e seus irmãozinhos. Ela me chamava atenção porque, enquanto os outros filhotes brincavam na garagem e a irmã sialata[2] rosnava no fundo da caixa de transporte, a pequena bolinha preta de olhos verdes permanecia atenta, quieta, olhando tudo, inclusive a mim, com contemplação e curiosidade.

Já nasceu inteligente e, realmente, até hoje, dentre centenas, é o gato mais inteligente que já conheci!

Na primeira vez em que teve cistite[3], mostrou-me o que a incomodava, miando insistentemente à noite e, depois de levar uma bronca, fez mímica! Juro! Ela sentou na minha cintura e cavou a minha barriga que nem faz no pipicat, depois olhou feio para mim e bufou. Assim eu entendi. Levei-a ao banheiro e era isto: xixi em gotinhas, dor e sangue.

---

[1] Não é adequado dar leite de vaca para animais, já que na maioria possui certa intolerância. A Narayan mesma desenvolveu intolerância à lactose lá pelos seus 12 anos. Para a média, até que demorou muito. Hoje eu compro as opções de leite vegetal (de coco, principalmente) para as receitas. É mais saboroso, bem mais leve, livre de colesterol e de antibióticos, têm menos calorias e ainda, o de coco, deixa as receitas mais macias.

[2] Sialata: expressão popular para siamês com vira-lata.

[3] Cistite: infecção ou inflamação da bexiga urinária com ou sem a presença de cristais.

Bora para o veterinário!

Hoje, sou eu quem lhe dá injeção e ela fica quietinha esperando. Imagina?

São tantas histórias...
A questão é que ela é o máximo e eu agradeço muito, muito mesmo, por tê-la tido comigo nesses 18 anos! Dada a fragilidade de sua saúde, estamos na reta final, mas o fato de certas coisas serem finitas por aqui não as invalida. Não significa que algo deu errado, pois cada minuto valeu a pena[4]!

"Obrigada, doce Narinha! Obrigada por ser você. Te amo sempre!"

Thalassa Possatto Furbetta

Bióloga, autora deste livro e do Blog Como Cuidar Bem:

http://comocuidarbem.blogspot.com

[4] A Narinha partiu em dezembro de 2019, em paz, no meu colo. Três meses após eu escrever esse texto.

Blue

Mônica é professora de Biologia e morou somente com seu gato pelos últimos seis anos, até recentemente, quando sua mãe, com quase 90 anos, veio viver com ela, após o falecimento do marido.

Cuidar dos dois pais velhinhos não é nada fácil... Ela também precisa de amor e de cuidados, por isso seu gato é tão especial, um grande companheiro!

"Se eu tiver que descrever o Blue com uma só palavra, ela será alegria. Mesmo quando chego estressada do trabalho, ele me faz sorrir. Nos momentos em que eu mais precisei, ele me levantou. Dedico a ele o fato de eu não ter caído em depressão devido a certos problemas que tive, inclusive com as doenças que meus pais apresentaram. Para ser sincera mesmo, afirmo que ele salvou minha vida.

Ele percebe meus estados emocionais. Sinto que me compreende. Eu o admiro por ele ser muito inteligente e se expressar perfeitamente apenas com seu olhar.

Quando mais nova, eu tive um caderno que considerava muito especial. Em sua capa, havia um sialata[5] *de olhos azuis bem marcantes. Logo que pude ir morar sozinha, adotei meu primeiro gato – sempre quis um – e, por coincidência, encontrei um igual àquele.*

Quando o Blue era pequenininho, uma vizinha frequentava minha casa. O gato dela, Horácio, também vinha e os dois se tornaram bons amigos. Essa vizinha acabou se mudando. Hoje, o Blue é amigo da Coxinha, a gata da Thalassa. Eles se deram bem desde o primeiro olhar. Nem sequer assopraram um para o outro. A gata entrou e o Blue fez questão de apresentar os brinquedos

[5] Expressão popular para siamês com vira-lata.

dele, depois, de mostrar a casa. Ela ia indo atrás e cheirando tudo. Ele a olhava e quando ela terminava de cheirar uma parte, ele mostrava mais um pouco...

Ele é um pouco medroso, mas nunca o vi brigar com ninguém.

Com ele, aprendi a amar e respeitar mais os animais. Ele não fala português, nem eu falo a língua dele, mas a gente fala a língua dos seres vivos.

Semanalmente, pratico o ´Evangelho no Lar´. Sempre, ele vem e fica ao meu lado em silêncio e parado, se estiver brincando, interrompe. Ele me olha nos olhos, e em volta, com calma.

Sou grata por tê-lo ao meu lado. Para mim, ele é meu filho, pois é isso que eu sinto."

Mônica Meira Silva

Professora de Ciências da Natureza e Biologia

Lucas

Lea me disse que todos os animais a marcaram, até os que passaram pela sua vida por pouquíssimo tempo; então, escolheu me contar a história de seu primeiro cão: Lucas – um vira-lata *"todo misturadinho"*, que a fez feliz por muitos anos: *"a gente rolava junto pela grama do jardim. Nunca vou esquecer"*.

Ela me disse que o pessoal de sua família o achava feio só porque ele não tinha um padrão de beleza predefinido, mas ele era perfeito: *"não é só animal comprado que faz parte da família e faz a gente sorrir"*.

"Nós o adotamos quando eu tinha 10 anos, a contragosto de minha mãe... Eu havia insistido muito.

Não tínhamos noção de como cuidar direitinho naquela época e não o castramos. Uma vez, em um cio, ele fugiu e se perdeu. Eu chorava o tempo todo. Minha mãe, brava, ficava perguntando se eu não havia me arrependido de pedir tanto para ter um cachorro, afinal, agora eu estava sofrendo por conta disso.

Nem por um segundo eu me arrependi!

Distribuímos cartazes com foto dele por toda parte... Já havia passado semanas. Um dia uma mulher ligou de um orelhão, perto de um ponto de ônibus, dizendo que o cachorro da foto estava lá. Já estávamos sem esperanças, mas fomos até o local e, quando chegamos, era mesmo ele!

Eu me lembro da cena como se fosse ontem! Eu e meus primos choramos muito. Até meu tio chorou! Lucas estava com as solas das patinhas machucadas e muito magro. Finalmente voltamos para casa.

O que mais me marcou foi o fato de que sempre estava feliz. Era como se mostrasse o tempo todo o quanto era grato por ter um lar. E também tem o fato de que ele amava e agradava qualquer pessoa, não se importando com as aparências.

Ele viveu por mais alguns anos, partindo próximo a um dos meus aniversários. Eu me surpreendi com o quanto podemos amar um bichinho.

Nesse meio-tempo, ouvi minha mãe falando para minha tia, sem que elas me percebessem, que aceitou o Lucas para eu ter uma lição e aprender que ter cachorro não é só brincar e dar comida, mas quem acabou aprendendo muito mais foi ela. Fiquei emocionada! Acabei levando isso para mim como um 'pedido' de desculpas."

Lea Dias Bertolin (Lea Kakao)

Estilista na Merry Go Round, organizadora de eventos Lolita

Monstro

Estava louca para ir à casa da Vanessa conhecer o monstro, de quem ela tanto falava! Logo ao chegarmos, reparei que dois olhinhos vermelhos me olhavam da parte sombria do quintal...

Acendemos a luz e lá estava ele: um lindo coelho branquinho e gorducho!

"Quando éramos crianças, minha irmã mais nova ganhou de presente um tiquinho de coelho. Lembro perfeitamente da primeira vez que o vi: assim que cheguei da escola, numa segunda-feira à tarde, minha mãe abriu a porta da cozinha e apareceu uma bolinha branca saltitante perto de seus pés. Muito fofinho!

Os dias foram passando e ele foi crescendo e engordando... E crescendo e engordando... E ficando cada vez mais mimado, ranzinza e territorialista. Tínhamos que fazer todas as vontades dele. Se ele encontrava a porta do quintal fechada, quando queria que estivesse aberta, ele tentava derrubá-la!

Teve um dia que a amiga da minha mãe veio aqui com a filhinha dela. A menina foi inventar de comer um pacote de balas em formato de tubinho enquanto via o coelho. De repente escutamos a menina chorar, fomos ver o que havia acontecido: a menina chorando e o monstro mastigando as balas que havia roubado dela – todas as balas!

Ele roía e engolia qualquer coisa, tínhamos que ter muito cuidado para que não levasse um choque, causasse curtos elétricos ou destruísse a casa! Também fazia seus pequenos cocozinhos por onde passava. Coelhos são assim, inconti-

nentes.
Apesar de tudo, eu o amava muito e ele me fez sorrir desde a primeira vez que o vi. Eu e minha mãe nos responsabilizamos por ele até o final de sua vida. Já, minha irmã, não se importava muito.

Com ele, aprendi que cada bichinho tem o seu jeito de ser, mesmo que pareça meio ranzinza, há sempre muito carinho envolvido. Eu sei que ele me amava também. Ele demonstrava à sua maneira.

Hoje vejo que houve muita irresponsabilidade na adoção do Monstro. Ninguém perguntou se a gente sabia cuidar de um coelho e se toda família estava pronta para assumir um compromisso com mais um ser vivo. Nós o aceitamos também sem pesquisar como seria, o que seria necessário... Não sabíamos nem quanto tempo um coelho vivia ou se ele aprenderia a fazer xixi no lugar certo. Por muita sorte ele fazia, mas isso é raro nos coelhos!"

Animal não se dá de presente! Nem se compra ou se adota por impulso! Após a empolgação do momento, que pode até durar um bom tempo, a maior parte deles acaba indo parar num quintal, recebendo apenas alimento (sem carinho, passeios, amor, tal como um prisioneiro na solitária), é doada a qualquer um ou acaba sendo descartada, à própria sorte, nas ruas ou em locais mais afastados, como se fossem sobreviver... Lógico que não sobrevivem.

Há ONGs que se dedicam a resgatar, castrar e doar coelhos, portanto jamais os compre. Se você quiser mesmo ter um, pode adotá-lo.

Vanessa Miyuki

Advogada

Tico

Quando a filha da Rose fez 15 anos, ela optou por ganhar um cachorrinho em vez de ter sua festa de debutante. Vencida pela insistência, Rose cedeu. *"Sem a consciência que eu tenho hoje, acabei por comprar um poodle, o Tico. Minha filha escolheu o mais tristonho... que acabou sendo um 'presente de grego'.*

Com o tempo, Tico conquistou toda a família com seu carinho, mas passou a ser meu chicletinho. Nossa ligação ficava mais forte a cada dia. Eu nunca imaginei que ter um cachorro fosse assim. O que senti por ele... foi como ter tido outro filho: eu o levava ao trabalho, dormia com ele, deixava de viajar para qualquer local que não pudesse levá-lo.

Ele viveu por 17 anos e partiu no meu colo. Doeu demais.

Com ele, eu passei a ver os animais com empatia e notei que estavam nas ruas e que muitos precisavam de ajuda e eu podia fazer algo por eles, a começar por defender sua adoção e controle de natalidade.

O primeiro cão que resgatei foi um vira-lata que atropelaram em frente ao meu trabalho, extremamente magro e com uma das patas esfolada. Consegui tratá-lo. Ele foi um amor de cachorro! Viveu comigo até o ano passado. Resgatei também um adulto com a doença do carrapato e uma filhotinha com sarna negra e pneumonia, ambos estão curados e me agradando com seus carinhos até hoje.

Também resgatei inúmeros outros cães e gatos que encaminhei a bons adotantes. A Katrina é uma das filhotes de uma cadela que resgatei prenha, com um filhote preso no ventre (precisou de cirurgia para tirar). Doei todos, mas a Katrina me foi devolvida porque chorava muito.

Katrina ficou grande, quase do tamanho de um labrador, mas com uma delicadeza marcante. Ela foi o animal mais doce que eu já conheci: ela cuidava de todos os gatos e cachorros que ficavam em lar temporário comigo até melhorarem e poderem ser adotados, brincava com os filhotes e os mantinha aquecidos; também recepcionava super bem qualquer pessoa que se aproximasse. Um dia ela encontrou um passarinho que caiu do ninho em meu quintal e o trouxe para que eu o ajudasse. Colocou-o delicadamente sobre meus pés e ficou me olhando com cara de 'vai, faz alguma coisa'. Nem para baratas ela fazia mal.

Acolhi e tratei também muitos animais resgatados de magias negras. Infelizmente, tal aberração não é rara, por isso temos cuidados especiais ao doar animais brancos ou pretos e só doamos animais castrados. Muitos não sobreviveram devido aos ferimentos. Os que sobreviveram, acompanho, levam uma vida normal. São perfeitos como os outros.

Ajudar essas vidinhas preciosas e vê-las felizes com seus adotantes não tem preço. Faz a vida valer a pena."

Rose ajuda animais de rua há 20 anos; fez parte de uma ONG de proteção animal por mais de 11 anos e hoje modera a Página *Coletivo Animal*, cujo objetivo é ajudar animais e auxiliar pessoas que querem ajudá-los. Ela vive com seu marido e seis cães adotados. Lembra que tem sempre o cuidado de não ter mais animais do que pode cuidar com qualidade.

Aliás, é essa noção e sanidade que diferenciam os protetores dos acumuladores de animais. Segundo ela, protetores são pessoas que realmente ajudam: resgatam animais de situações críticas, cuidam, levam ao veterinário, reabilitam e doam a pessoas responsáveis; já, acumulador, é aquele que pega animais e os junta em tal número que não há mais condições de garantir-lhes cuidados veterinários, alimento de boa qualidade, espaço, higiene, atenção... Estas pessoas precisam de ajuda psiquiátrica e psicológica.

Roseli Aparecida Impastaro
Comerciante e protetora voluntária

O cão magrelo

Dia 19/12/2018, um calor absurdo, Ana Randazzo escreveu em seu perfil social:

"Saindo de casa agora, me deparo com uma mulher maltrapilha, trazendo nas mãos uma sacola com arroz e feijão. Ela tinha consigo um cachorro esquelético, com meio metro de língua para fora.

Ela me abordou, pediu que eu comprasse um refrigerante para seus filhos, duas crianças que pediam no sinal.

Voltei para casa, peguei ração e uma vasilha com água para o cachorro. Coloquei a vasilha no chão e me dirigi ao bar para comprar o refrigerante.

Nessa hora, a mulher partiu pra cima de mim, aos berros, falando que ligo mais para o cachorro que para os filhos dela. Eu respondi que a vida dele era tão importante para mim quanto. Mas ela não respeitou isso.

Enquanto o cara do bar trazia o refrigerante que pedi, ela deu um chute na água e na ração do cachorro, arrancou o refrigerante da mão do funcionário e veio para cima de mim. Ela começou a me agredir fisicamente! A galera do bar foi para cima dela... deu a maior confusão. Ao final ela correu e o cão foi atrás, fiel àquele ser grotesco.

Estou arrasada... E toda arranhada!"

Conversamos sobre.

A mulher tem ao seu lado um professor: alguém que ensina amor incondicional, fidelidade, lealdade, aceitação e ainda consegue balançar o rabo e lhe proporcionar carinho. Alguém que provavelmente morrerá de fome e nunca será visto.

Ela não fez diferente dessas madames que, ao parir um filho humano – ou enfrentar qualquer situação que lhe sirva de desculpa, abandona (em sua própria casa ou fora dela) seus antigos companheiros de quatro patas.

As pessoas plantam cuidadosamente o futuro que terão.

Não basta possuir um animal, é preciso olhar, sentir, respeitar, ter a capacidade de aprender com ele.

O filósofo Mario Sergio Cortella já comentou: *"Não somos os donos do mundo, somos parte dele; nós o compartilhamos com as outras espécies"*. Na realidade, nascemos aqui e ganhamos tudo: oxigênio, alimento, água, calor, recreação, aprendizados de graça... E aprendemos? O que deixamos em troca? ...

Parece-me que algo ou alguém acredita demais na evolução de nossa espécie, pois nos fornece tudo de mão beijada e ainda não está tendo retorno.

Precisamos mudar! E precisamos mudar o mundo. É urgente!

Ana Paula Randazzo

Consultora de Moda e Estilo,

formada em Comunicação Social e em Moda

Nina e companhia 'i'limitada

"Os animais nos ensinam que as diferenças existem, mas isso não é um problema para amizades verdadeiras surgirem. Eles só querem brincar e ser feliz."

Júlia tem cinco gatos e uma cachorra, a Nina. Todos bem diferentes entre si, com personalidades únicas.

Quando tratamos bem os animais e os deixamos viver ao nosso lado, eles nos observam muito e aprendem milhares de coisas com essa convivência, dentre elas, a se comunicar conosco. Já ouvi colegas meus afirmando que meus animais são inteligentes demais e os deles não, mas foram sempre em casos em que os deles viviam fora de casa, num quintal, enquanto os meus estão comigo direto.

Ouço sempre coisas como *"seus gatos são carinhosos demais, parecem cachorros"*. E respondo: na verdade eles parecem gatos: gatos de verdade, diferentemente do que se difama por aí. A questão é que o gato retribui a atenção que você dá a ele, simples assim.

A galerinha da Júlia mora dentro de casa com ela e recebe muito carinho, logo, só falta falar. Quando Júlia pede a Nina que ela encontre algum gato, que escolhe pelo nome, a cadela corre e logo cumpre o desejado. Ela já pode trabalhar para os bombeiros... Ou quase...
Os animais são bastante diferentes entre si, inclusive dentro de uma mesma espécie, cada um com sua personalidade.

"Comprei a Nina numa época em que ainda não sabia o quanto era cruel e egoísta financiar a compra e venda de animais. Nunca mais farei isso! Depois, mais consciente, adotei os gatos: um casal de irmãs (Mel e Preta), e mais três resgatados, um de cada vez (Ozzy, Mavis e Charlotte).

A cada gato novo é aquela ciumeira e dramatização, mas logo se adaptam. Aceitam-se. Acolhem-se! Acho isso muito bonito, algo que os humanos deveriam aprender!

Eles aceitam bem os humanos também. A Nina adora crianças e entende perfeitamente que não pode lambê-las ou pular nelas. Consola quem está triste e faz muita companhia a todos da casa. Com seu jeitinho carinhoso, paciente, doce e amoroso, ela ajudou um amigo da família a perder a fobia que ele tinha de cachorros. O medo sumiu. E olha que era pânico mesmo! Isso me mostrou como só se mudam as opiniões e o comportamento das pessoas com amor, carinho e paciência; e como, aos poucos, essas características, quando sinceras, conquistam a todos.

Outros gatos já passaram por nossas vidas. Uma delas foi a Mazze, toda tigrada, infelizmente ela foi atropelada. A casa é telada, mas um visitante nosso a deixou escapar e nem notou. Ficamos arrasados.

Mazze foi a bebê da casa, a mais companheira e carinhosa; mas, ao mesmo tempo, de personalidade forte: ela não deixava que a apertassem, por exemplo. Ela tinha limites e era firme em impô-los. Isso também me ensinou bastante, pois, querendo ou não, temos limites, e precisamos respeitá-los e fazer com que sejam respeitados. Precisamos pensar em nós mesmos, não nos deixar de lado somente para agradar aos outros, não fazer o que vai contra nosso sentir."

Júlia de Castro
Pré-vestibulanda

Sílvia

Um dia, voltando de um tratamento, deparei-me com uma cadela extremamente magra, procurando por comida pelo chão. Ela foi diferente dos outros cães da rua. Era como se estivesse marcado para nos encontrarmos e eu pudesse fazer algo. Isso foi o que senti assim que a vi.

Ofereci a ela umas bolachas, só tinha isso na mochila e, com dor no coração, sem saber o que fazer, disse: se eu te encontrar de novo, prometo que cuido de você.

Segui caminho e ao chegar à frente de uma avenida, lá estava ela, no meio de duas pistas contrárias, em pânico, jogando-se de um lado para outro conforme se assustava com os carros. Além de não saber encontrar comida, ela não sabia como não ser atropelada também. Corri, peguei-a pelo cangote e ficamos na ilha até os carros pararem de passar. Atravessamos em direção a um telefonão.

Não tinha celular, nem carro... Do telefonão, comecei a ligar para meus amigos: quem poderia nos buscar lá? Quem poderia abrigá-la? Não era raro eu pedir esse tipo de ajuda e, infelizmente, também não era raro ouvir nãos.

Deixei para ligar par meu pai por último, já que além de ouvir não, eu ainda levaria bronca... Liguei. Levei bronca. Mas, por algum milagre, ele simplesmente foi nos buscar. Já no carro dele, após ele falar todas, o que se seguiu por alguns minutos de puro silêncio, ele disse: "*Ela tem cara de Sílvia. Tem cara de triste também... Vou te levar para sua casa e você vai se virar com sua mãe, não quero saber...*".

Consegui que minha vizinha, Dona Alcina, hoje falecida, me emprestasse sua garagem para cuidar da cadela tristonha até tratá-la e encontrar-lhe uma boa família. Eu e outro vizinho demos um bom banho nela, tiramos de seu corpinho magro um montão de pulgas e carrapatos impiedosos e também a tratamos com vermífugo. Ela comeu um bom prato de comida e finalmente dormiu um sono tranquilo.

No outro dia, o telefone me acordou. Era meu pai: "*Você já doou a Sílvia?*" Eu disse que era claro que não, nem havia divulgado ainda, afinal... "*Então não doe, ele é minha, estou indo buscar*". Eu nem acreditei! Aí ele chegou e a levou para casa! Fiquei muito feliz.

Os primeiros dias com a Sílvia foram complicados: a tristeza dela era tão profunda que contagiava. Ela chorava, pedia para sair, tentava mostrar algo na parede, nos portões, na rua. Foram várias vezes que meu pai a levou para passear de carro e, quando ela chorava, saíam com coleira e guia para verem se ela reconhecia algo ou era reconhecida por alguém. Meu pai perguntava aos moradores próximos, veterinários, mas ninguém a conhecia. Tudo levava a crer que ela havia sido abandonada por alguém.

Uma vez ela fugiu da garagem. "*Nunca achei que ela conseguiria passar pelas grades do portão... Mas ela era só pele e osso... Passei mais de seis horas direto buscando por ela nas imediações, quando parei para um lanche, exausto, lá estava ela caminhando, tímida, pelo centro de São Bernardo do Campo. Coloquei-a no carro e voltamos para casa, ambos muito cansados*".

Finalmente, após meses, ela começou a se apegar ao seu novo amigo e a parar de chorar pelos cantos ou tentar fugir. Passou a comer bem, curtir os banhos, fazer amizades na vizinhança e com os veterinários. Venceu a doença do carrapato, engordou, ficou linda. Parecia um border collie[6] gigante. Várias pessoas paravam meu pai apenas para admirá-la!

Quando eles saíam, ela ficava o tempo todo com os olhos no meu pai e a qualquer sinal de ele ir embora, ela corria para o carro. O medo de ficar sem ele passou a ser gigante. Quando ele atrasava para voltar de suas atividades rotineiras, ela cavava a terra de seu jardinzinho particular e ainda reclamava muito entre "cains, au-aus e unf-unfs". Claríssima! Broncas anotadas!

A Sílvia era quase porte grande, chegou adulta, mesmo assim viveu mais de 12 anos com meu pai. Quando reconquistou a confiança e o amor no ser humano, ela agarrou a vida com todas as forças e com toda sua doçura. Viveu saudável, nunca mais ficou doente. Seu corpinho simplesmente foi desligando quando chegou sua hora. Conversamos muito com ela. Agradecemos demais sua presença e carinho!

Meu pai disse que tê-la foi como cuidar de uma irmã mais nova. Que, com ela, percebeu o quanto é valoroso ter uma boa companhia, já que sempre foi de se isolar; e aprendeu mais sobre respeito, pois ela era cheia de personalidade, gostava de carinho ao seu tempo, do seu jeito, mas, nem por isso, deixava de ser a melhor companhia para se ter.

[6] Border collie: raça de cães de porte médio, desenvolvida na região da fronteira anglo-escocesa na Grã-Bretanha para pastorear ovelhas. É considerada a raça de cães mais inteligente do mundo.

"Os animais precisam de nossos cuidados, ainda mais agora, que já interferimos em quase todos os seus habitats. É nossa responsabilidade zelar por eles."

José Carlos Furbetta

Voluntário

Sheldon

"Eu me sentia muito sozinha no apartamento, ainda mais estando desempregada e tendo problemas com depressão e ansiedade desde pequena. Tinha dia que não conseguia sair da cama.

Quando o André, namorado do meu irmão, veio morar com a gente, ele trouxe seu gato frajola: o Sheldon. André nos contou que Sheldon era antissocial, bem na dele, mas tudo bem.

O gato passou o primeiro dia inteiro escondido; porém, de maneira bem diferente da esperada, em pouquíssimo tempo começou a ficar à vontade na nossa presença, principalmente na minha. Começou a ser carinhoso e animado!

Como era eu quem ficava em casa sozinha com ele, eu tinha que lhe dar a comida, limpar sua caixa de areia... Mesmo no meu desânimo de viver eu precisava levantar e fazer as coisas por ele.

Mesmo assim, acabei tentando suicídio e, depois do hospital, fiquei em recuperação em casa mesmo. Depois, vim a saber que Sheldon não saiu da porta do meu quarto até eu passar a abri-la de novo... Ele precisava de mim. Assim, comecei a me preocupar mais com seu bem-estar.

Um dia, após trocar a areia da caixinha dele, eu abri a área lá em cima e o deixei ficar curtindo a brisa e o sol. Passei a fazer isso sempre e ele amou! Então, ele começou a me acordar todos os dias para subirmos. Dava um certo horário, lá estava o Sheldon me chamando para subir. Assim, com o tempo, passamos a ficar mais por lá. Passei a levar livros, séries para assistir no celular e até ficar na rede com ele tomando sol.

Como eu já tinha que limpar a areia dele, comecei a ter mais ânimo para limpar a casa de uma vez... E daí para outras coisas.

Agora, estou na terapia, consegui um emprego e adotei um irmãozinho para Sheldon: o Lian.

Toda vez que me dá um desânimo, penso que eu preciso estar aqui por eles, assim como eles estão por nós."

Marina Aparecida da Silva Dias

Auxiliar administrativa, Formada em Direito

Branquinha

"Há mais de vinte anos, em Rondônia, não havia veterinários de animais diferentes de cães e gatos. Não havia Internet e as informações não eram tão fáceis de encontrar. Mesmo assim, as pessoas já compravam animais de companhia pela própria ganância de possuir a natureza, sem nem sequer estudar sobre como cuidar direitinho de cada ser sob sua tutela.

Assim era um colega de trabalho do meu padrasto. Ele sempre viajava e deixava seus animais à míngua, como também pouco sabia sobre quais cuidados cada um exigia. Foi dele que eu resgatei Branquinha: um porquinho-da-índia muito pequeno e debilitado.

Quando a vi, foi amor à primeira vista! Estudei tudo o que podia sobre esses animais e me dediquei a recuperar aquele serzinho que, dias depois, descobri estar grávida. O parto foi prematuro e os filhotes não sobreviveram.

A saúde dela era frágil e eu precisava colocar em prática tudo que aprendia sobre esses porquinhos, inclusive medicar, fazer curativos... Tudo sozinha.

Todos os dias eu saía para buscar capim fresco, que ela apreciava. Tão brevemente ela se tornou dócil. Ajeitava-se no meu colo em completa segurança e eu sabia ter feito a coisa certa.

Foi durante esse período que tive uma depressão muito forte e apenas não cometi suicídio pelo meu comprometimento com ela. Ao mesmo tempo que ela me mantinha sem fazer besteiras, ela dava sentido a minha vida.

Eu me mudei para São Paulo e a trouxe comigo. Ela viveu durante quase seis anos: bastante para um porquinho-da-índia! Morreu no meu colo, após ter me tornado uma pessoa melhor!

Depois dela, resgatei inúmeros animais, dentre cães, gatos, coelhos e outros vários porquinhos-da-índia. Quando saudáveis e castrados, eles seguem para adoção responsável em feirinhas improvisadas por amigas, como numa em que conheci a Thalassa.

Hoje, curso faculdade de veterinária e estou buscando meios para proteger da extinção certas espécies de animais aquáticos, incluindo corais.

Se você quiser ter um porquinho-da-índia, você pode adotar um em ONGs que os resgatam e realmente se empenham pelo bem deles. Mas não financie o comércio de animais, porque isso é cruel."

Taísa Schwingel Paza

Estudante de Medicina Veterinária

Tots

Irani é voluntária na proteção de animais. Atualmente, tem oito cães e um gato, todos resgatados de situações de risco.

Ela me relatou que o animal mais importante em sua vida foi um cão velhinho e feio que mudou quem ela é, bem como sua família, incluindo seus outros animais!

"Tots era seu nome. Um vira-lata, misturado com poodle, que vivia junto a outros dois cães em uma fábrica. Ele foi parar lá depois que uma mulher que conheci no mercado o comprou de um morador de rua que o maltratava. Tal mulher cuidava dos três cães nessa fábrica, já que não dispunha de outro local para levá-los.

Quando essa mulher morreu, descobri onde ficava tal fábrica e comecei a cuidar dos cães: uma vez ao mês, eu levava comida e providenciava banho e cuidados veterinários aos três.

O Tots era o mais carente, tinha cerca de 16 anos, problemas cardíacos, hipertensão, cegueira parcial e doença do carrapato. Segundo os veterinários, estava em estado terminal. Resolvi adotá-lo. Ele teria tão pouco tempo e já sofrera tanto... Queria lhe dar um final feliz.

O problema era minha cadela Maria Lola, uma pit bull, também resgatada. Ela não aceitava outros animais e vivia perseguindo um gato da vizinhança. Mas o amor repentino pelo Tots e a vontade de ajudar a trazer ao menos um pouco de carinho e justiça àquele serzinho falaram mais alto.

Então eu o trouxe para casa. Aquele cachorro feio começou a rejuvenescer, tornou-se belo, feliz, brincava! Ele era calmo e sua presença deixava a Maria Lola mais tranquila, tanto que ela passou a se dar bem com os outros animais, inclusive com o tal gato, que consegui adotar. Era como se ele a ensinasse a se comportar bem e a ser mais tranquila.

Apesar da saúde e idade, Tots viveu conosco durante três anos. Ele me ensinou a não desistir quando tudo parece perdido. Com ele, eu deixei de ser a pessoa negativa e descrente que eu era e passei a apreciar a parte boa da vida. Ele me ensinou a ser feliz."

Irani crê que animais são almas em evolução, e, por isso, estão sujeitos à reencarnação, assim como nós. Ela acredita que quando um animal que já sofreu bastante é adotado e tem um final de vida digna, mesmo que por pouco tempo, ele já não mais reencarnará em uma vida de sofrimento.

Wagner Borges comenta, em seu programa Stum Pet[7], que conviver em paz com o ser humano é uma das etapas da evolução atual dos animais domésticos e, quando isso ocorre em vida, eles estão prontos para seguir a um nível superior, não mais voltando para onde estavam antes da vida que deu certo.

Wagner defende que a convivência harmoniosa com animais nos torna pessoas melhores e que há, nela, uma troca de aprendizados e de amor tão importante, que influencia fortemente nossa evolução como um todo.

Irani Modolo

Decoradora

---

[7] Stum Pet é um dos programas disponíveis no canal do pesquisador e professor espiritualista Wagner Borges, www.youtube.com/user/canalippb, dedicado a falar sobre espiritualidade nos animais de estimação e no reino animal.

Emily

"Num duto para escoamento de água da chuva, havia três bebês entaladas junto ao corpo sem vida de sua mamãe, uma gatinha de rua que provavelmente morreu lá, tentando salvar seus filhotes. A triste cena foi presenciada por um amigo meu que estudava lá perto. Prontamente, ele resgatou as bebês e as trouxe para mim.

Elas estavam molhadas, com pulgas, sarna de ouvido, vermes intestinais, conjuntivite e subnutrição ('kit rua básico', como chamamos). Aceitei dar lar temporário a elas, mas só para duas, pois uma já havia sido escolhida para morar com ele! Foi aquele amor à primeira vista: o sopro de esperança que tanto nos deixa feliz!

O mais importante, quando se resgata e se leva para casa qualquer animal, é proporcionar um local calmo, com água, comida, caminha e caixa de areia. Elas tinham, agora, tudo isso: mais amor, carinho, atenção e cuidados veterinários. Com o tempo e dedicação, elas melhoraram rapidamente e se desenvolveram, ganharam peso, confiança e outros gatos para brincar junto. Claire me surpreendeu com a rapidez com que cresceu! Vacinada, castrada, negativa para FIV[8] e FeLV, foi divulgada no site http://adoteumgatinho.com.br/. Por conta de sua pelagem tricolor em tons rosados, ganhou vários pretendentes e, enfim, sua adotante. Hoje se chama Miá e leva uma vida de rainha!

Já, Emily, nunca se desenvolveu completamente e adoecia com frequência. Era uma bela gata preta de olhos verdes e com apenas um quilinho, seu peso máximo. Era uma gata como qualquer outro filhote, brincava, pulava, corria,

[8] FIV (Imunodeficiência Viral Felina): doença conhecida popularmente por "AIDS Felina", por ser causada por um vírus que age como o da AIDS humana, mas que só é transmissível entre gatos. A transmissão ocorre por vias sexuais, de mãe para filhote e por mordidas fortes em que a saliva do gato contaminado entra em contato com o sangue do gato saudável.

comia, bebia, dormia e tinha um fiel escudeiro: meu gato Shiro.

O que chamou a atenção sobre ela foi que, apesar de ser filhote, Emily tinha atitudes de gato adulto. Quando comia, se algum outro gato chegasse perto, ela rosnava e punha a pata em cima da comida. Eu podia soltá-la sem guia no jardim que ela ficava passeando para lá e para cá, explorando com curiosidade tudo a sua volta.

Por mais esforço em conjunto que se teve, infelizmente, o diagnóstico era muito ruim: pancreatite.

Tínhamos esperança! Quem acompanhava a ONG Adote Um Gatinho, na época, acompanhou também nossos esforços por ela. Isso numa época em que os pretinhos sofriam ainda mais preconceito que hoje na hora da escolha para adoção... Muitas pessoas se comoveram e adotaram outros de nossos pretinhos por conta do carinho que sentiam pela Emily! Alguns, inclusive, haviam escolhido ela...

Porém, durante sua última internação, seu corpinho já estava muito desgastado e fraco. A doce e valente Emily nos deixou e, junto, deixou um legado de que animais também lutam para sobreviver, que precisam de amor e carinho para amadurecer, que a troca de sentimentos com os humanos nos torna mais conscientes do lugar deles em nossas vidas. Mas o mais importante de tudo é que ela me fez sentir, com toda minha certeza, que um dia vou reencontrar esses seres que marcam minha vida com tanta intensidade."

Qualquer um com um espacinho seguro e boa vontade pode dar lar temporário a animais resgatados até que sejam adotados. Há várias ONGs que aceitam esse tipo de ajuda. Algumas delas são:

Gatópoles (http://www.gatopoles.com.br/),
Catland (http://catland.org.br/),
Amigos de São Francisco (http://amigosdesaofrancisco.com.br/),
entre outras tantas. Busque a que prefere e verifique com eles como ajudar.

Jaqueline Dulley

Ativista, voluntária na ONG Adote
Um Gatinho, especialista em felinos e criadora do Blog Miando Alto:
http://miandoalto.com.br/

Jack

O Jack é um carinha incrível! Nossos destinos se cruzaram quando eu fui levar as rações arrecadadas em um ciclo de palestras ao local escolhido pela Iridê Sótsios[1]. Na verdade, esta havia sido a protetora que eu escolhi, mas lá, com todo altruísmo, ela disse que havia uma pessoa que precisava ainda mais das doações: a Maria, de Santo André.

Chegando à casa da Maria, havia 17 gatinhos tigrados não castrados, todos com rinotraqueíte, conjuntivite, pulgas, vermes... Três estavam visivelmente grávidas e o pior: tinham acesso às ruas. Apesar disso, eram gatinhos muito carinhosos!

Maria estava superaberta à ajuda e às minhas orientações sobre castração, medicação correta, encaminhamento dos gatinhos etc. E queria muito o bem daqueles bichinhos.

Na cozinha, ela veio me oferecer um café, quando entrou com o Jack em cima de seu ombro. Eu sorri com a cena e ela disse que ele sempre subia em seu ombro, que já nasceu extremamente carinhoso! Nisso, ele deu um espirro e ela secou seu focinho com um lenço de papel. Muita fofura! Foi amor à primeira vista!

A Coxinha, irmã gêmea do Jack, pulou no meu colo e lá tomou banho, espirrou e me fez carinho. O pequeno focinho laranja havia sido um dos mais lindos que já vi!

Deixei a ração, mas fiquei muito angustiada com a situação.

[1] Voluntária pela causa animal, para mais informações acessem seu perfil: https://pt-br.facebook.com/projetososfelinos

Conversei com os veterinários da Clínica Veterinária São Bernardo[2], que me ensinaram a dar injeções e elaboraram um protocolo de tratamento. Comprei toda a medicação e comecei a tratar aqueles tigrinhos semanalmente. A Maria ajudava com os colírios diários. Fiz uma vaquinha e levantei dinheiro para castrar todos. Peguei caixinhas de transporte emprestadas com várias amigas, busquei todos os gatinhos e fizemos um mutirão de castração. Comecei a divulgar todos para adoção, pois sabia que alguns sobrariam.

Imagina a dor de divulgar o Jack! Eu divulgava, desejando o melhor para ele, mas ansiando que não fosse para outra pessoa que não eu.

Ao final de quase dois meses, todos estavam bem, exceto o Jack e a Coxinha, que ainda respiravam com muita dificuldade. O fato de eles precisarem de cuidados diários e de serem inseparáveis fez com que minha mãe aceitasse que os adotássemos, como eu já pedia desde o início.

Ambos possuem malformações, não tendo os olhinhos esquerdos, e são FIV positivo (têm aids felina), além de terem bronquite crônica. Estavam com otite, micose e eram menores do que deveriam ser para a idade que tinham. Os veterinários não tinham muita fé que sobreviveriam. Nem nós, mas eu daria o melhor que pudesse para terem finais felizes, mesmo que suas historinhas fossem curtas.

E eles foram melhorando cada vez mais! Após a curetagem[3] dos espaços onde deveria haver os olhos, a Coxinha ficou perfeita! Só manteve a bronquite. Ela engordou, ficando muito parecida com uma coxinha

[2] Clínica Veterinária São Bernardo: Rua José Bonifácio, 590 - Centro, São Bernardo do Campo, São Paulo.

[3] Curetagem: procedimento médico que objetiva retirar material de uma cavidade ("limpar" um espaço), com objetivo de retirar peles e anexos que possam causar inflamações, infecções, tumores, dor, entre outros problemas.

(na cor, maciez, formato, tudo!). Já o Jack, continuou catarrentinho, magrelo, fanho e frágil.

Apesar do quadro constante de rinotraqueíte, com altos e baixos, o Jack é muito feliz. Brinca comigo, arranha o postinho e ronrona muito todos os dias. Ele gosta de passear de carro e de coleira, ama visitar a vovó, dá beijos com catarrinho nas visitas, faz festa ao tomar sol, gosta de crianças e brinca muito com seus irmãos gatos. Isso me consola demais quando sinto dó por ele respirar mal.

A historinha do Jack sempre envolveu muito amor!

Os pais dele foram resgatados pela Maria, em situação bastante simples. Mesmo assim, ela os acolheu com amor. A mamãe do Jack pariu quatro bebês, todos com problemas nos olhos, apenas os dois sobreviveram. Após o parto, ela deixou os bebês, que, prontamente, foram adotados por outra gatinha, a "tia" deles, em quem mamaram até os dois meses.

O Jack entrava na garagem da empresa vizinha e o doberman de lá o olhava com certo desdém e compaixão ao mesmo tempo. Era o único gatinho que ele permitia entrar lá.

Um tempo depois eu os adotei, conforme mencionado.

Acho que são os bichinhos que mais frequentam veterinários[4]. Quantas vezes! Todos os conhecem e os acariciam. Perguntam deles... Ajudam com descontos, dicas, medicações, tratamentos... A Coxinha é bastante amistosa, fez amizade com todo mundo nas clínicas e nos laboratórios

[4] Hoje, o principal veterinário do Jack é o Dr. Antônio, da Estima Animal (Rua Paulo di Favari, 740 - Vila Caminho do Mar, São Bernardo do Campo, São Paulo). A clínica conta com uma lojinha em que todas as vendas têm 100% da renda revertida a projetos voluntários.

de diagnósticos! Ela pede abraços e dá beijinhos. O Jack é mais medroso e grudadinho em mim, mas também é carinhoso com os veterinários e assistentes.

O Jack vive cada dia como se fosse único. Ele curte a brisa, só tem olhos para o lado bom de tudo e de todos. Ele chora ao tomar injeção e, logo após, quando eu o elogio, ela já ronrona e dá beijo. Parece mesmo que ele tem mais fé do que todos nós, mesmo não pensando sobre isso.

O Jack e a Coxinha já têm 10 anos e superaram todas as expectativas. Eu agradeço por cada dia ao lado desses serezinhos maravilhosos: dias que eu gostaria que durassem para sempre.

Não sei como será quando partirem; mas, por tudo que eu conheço, prefiro crer que a vida continua. Prefiro acreditar que eles serão prontamente acolhidos e amados, assim como sempre foram. Eles merecem. Por onde vão sempre dão e recebem amor, sempre demonstram e entregam felicidade e pureza. Mesmo aquele cachorrão bravo não fez mal ao Jack...

Eu sentirei muita, muita saudade e precisarei demais pôr em prática a fé e a leveza que o Jack me ensina.

Quanto aos demais gatinhos, alguns foram resgatados por uma protetora chamada Érica; outros, pelo projeto da Iridê. Alguns foram adotados e outros ficaram com a Maria mesmo, mas castrados. Eu continuei levando ração para eles por alguns anos, até a situação melhorar por lá. Tudo o que aconteceu foi de repente. Eu estudava, morava com minha mãe e não tinha muito além do que guardei de um primeiro emprego bem simples. Fui uma pessoa qualquer, normal, que apenas não se contentou em ver algo que poderia ser melhorado e ficar quieta.

Conversei com especialistas, consegui dinheiro e ajudantes, agi. Não me contentei em deixar "um prato de comida", dizer que "fiz minha parte" e sumir. Todos podem mais, basta querer. Basta agir.

Thalassa Possatto Furbetta

Bióloga, autora deste livro e do Blog Como Cuidar Bem:

http://comocuidarbem.blogspot.com

Lucca

Erica e Lucca

"A gente sempre sonha com aquele mundo ideal.
Aquele mundo onde todos se amam, se respeitam e nunca falta nada pra ninguém.

Aquele mundo onde a inveja se transforma em admiração, onde a raiva vira desejo de crescer e onde todo mundo vive feliz e com dignidade.

Enquanto a gente sonha com um mundo ideal lá fora, nada impede que a gente construa nosso próprio mundo e traga quem merece pra viver nele."

A Erica é uma pessoa incrível! Eu a conheci melhor quando ela resgatou o Lucca, um gatinho paralítico extremamente fofo! Eu estive entre as madrinhas dele: pessoas que acompanhavam sua vida e ajudavam com seus custos. Ele foi muitíssimo amado e acolhia bem todas as pessoas, cachorros e gatos; como também era bem acolhido por eles. Até as gatas recém-resgatadas grávidas deixavam-no deitar junto aos bebês que nasciam. Acho que ele era um anjo de verdade ou algo assim, alguém que veio para nos mostrar como é o amor em forma de vida. Sua passagem foi breve e deixou saudades, mas também muita gratidão por tê-lo conhecido.

O local onde a Erica cuida da galerinha é seu lar: uma chácara chamada *Resort Mágico – Onde a Vida Começa*. O veterinário que trata da galerinha de lá disse que deixaram aquele gatinho em sua clínica, mas como ele estava com tudo lotado, perguntou a Erica se ela poderia ajudar. Sim. Havia uma vaguinha para um gatinho muito especial.

"Lucca era o companheiro de viagem dos sonhos de qualquer viajante: adorava andar de carro, ia tranquilo, nanando, de vez em quando olhando a paisagem, miando baixinho, se pendurando que nem um macaquinho e se arrastando pelas cobertinhas que nem uma cobrinha."

Que bom, pois as voltinhas seriam muitas: acupuntura, eletroestimulação, acompanhamento veterinário frequente, passeios no jardim, na casa dos amigos... E passeios mais longos, já que ele precisava de outros cuidados para funcionar direitinho, então não podia ficar sozinho.

E *"ele curtia muito a acupuntura, depois ficava mais que relaxado. Curtia a fisioterapia, os carinhos, os patês que ganhava e adorava 'mamar' nas fronhas e nas roupas das pessoas. Afinal, é fácil ser feliz quando se precisa de pouco. É fácil, quando não se espera nada, e se tem tudo. É fácil, quando é tudo verdadeiro e quando tudo vem lá do fundinho da alma. É fácil quando se tem amor."*

Após 45 dias com o Lucca e vários sustos por conta de sua saúde, Erica escreveu que desde a chegada dele, formou-se um laço gigante de amor, confiança e fé. Formou-se uma corrente do bem de que, a cada dia, novas pessoas querem participar e em que todos se integram e interagem em prol de uma causa maior. Formou-se um lugar virtual onde todos os animais são amados e respeitados. E em algum lugar desse cantinho virtual, o Lucca começou a existir de verdade, a ser tratado como uma vida importante, a ser cuidado com carinho, paciência e dedicação. Tudo isso graças às doações e à confiança daqueles que ajudam o Resort Mágico.

Lucca cresceu, engordou, ficou mais lindo ainda. Ganhou milhares de beijos, deu muitos beijos, comeu plantinha, capturou uma mosca (uma só...), subiu o degrau sozinho, brincou nos arranhadores, ficou em pé uma vez. Teve inúmeros amigos humanos, cachorros e gatos. Era parte central do bololô: o que se formava quando todos resolviam dormir juntinhos, disputando um pedacinho do Lucca para encostar. Sensacional! Tudo verdade e registrado pelas fotos que estão no perfil da Erica, no Facebook.

Lucca chegou ao Resort Mágico no dia 17/10/2014 e partiu em 18/12/2015, delicadamente, discretamente, "*como que se sua alma tivesse saído para brincar na grama, sem qualquer alarde, sem nem dizer tchau. Bem do Jeito Lucca de ser*".

Em dezembro de 2017, Erica escreveu mais um pouco sobre ele e tornou públicas algumas informações interessantes:

"Lucca teve incontáveis fãs. Centenas de pessoas que nunca tocaram nele, nem sentiram seu chulezinho, mas estavam ali, torcendo, se emocionando, ajudando em tudo que ele precisava. Nunca faltou nada, absolutamente nada, para ele. Porque ele tinha esse poder de conseguir tudo que queria.

Nunca, nem antes, nem depois, eu consegui sentir em qualquer outro animal o que eu sentia com o Lucca. E não é porque ele era especial, mas porque ele era ESPECIAL. Ele tinha esse poder sobre as pessoas.

Lucca ajudou a devolver a vida a algumas dezenas de bebês que passaram pelo Resort na época dele. Ele esquentava, cuidava, dormia junto.

Onde Lucca estava, havia mais uma porção de outros animais resgatados, grudados nele. E se ele mudava de lugar, lá iam todos, atrás dele, pra ficar pertinho daquele ser de luz. Porque ele tinha esse poder de ser diferente, iluminado, sensível e altruísta.

Ele era instantaneamente amado por qualquer um que teve o privilégio de conhecê-lo e até mesmo por quem nunca o viu pessoalmente. E não estou falando de um grupinho de 10 pessoas. Estou falando de uma multidão. Porque ele tinha esse poder de arrastar multidões, de fazer sorrir, de emocionar o ser humano e de ser naturalmente encantador.

Porque ele tinha esse poder de curar a distância, de levar os sentimentos através da tela e de espalhar amor por todos os cantos.

Lucca, sem saber, evitou suicídios. Eu fiquei sabendo de três! Pela história dele, as pessoas pensavam: 'Se ele consegue, eu também consigo'.

Lucca, sem saber, curou a depressão de pelo menos oito pessoas. Porque se ele, que é ele, é feliz, que motivos teríamos nós para não sermos?

*Até hoje choro ao me lembrar dele, mas afirmo: o sofrimento que sentimos quando um animal morre não pode ser mais forte do que a felicidade de saber que uma vida foi salva por conta dele ter sido adotado e amado. No caso do Lucca, mu*itas vidas!"

Quanto à Erica, ela continua ajudando vários outros animais com a mesma dedicação e carinho.

Ela conta que ama animais, especialmente por eles serem verdadeiros: *"eles estarão felizes com o que você puder dar. Não precisa ser de marca, nem da moda, nem o mais caro"*.

E conta um pouco de sua história:

"Eu era como a maioria, tinha minha vida, minha empresa, meus relacionamentos, amigos, familiares e minha vida social regada de luxo e futilidades. Claro que, na época, eu gostava de tudo isso e vivi assim por muitos anos.

Mas, um dia, eu cansei. Cansei de ser quem eu era e cansei de fazer o que eu fazia por dinheiro. Tudo que o dinheiro me trazia era para cobrir um vazio, e, quanto mais eu ganhava, mais eu gastava a fim de preencher aquele vazio.

Será que o propósito da minha vida é mesmo acordar cedo, trabalhar, ir ao shopping, *comer tudo que me der vontade e comprar tudo que nem cabe mais no meu guarda-roupa? É esse o resumo da minha vida?*

Numa madrugada qualquer, eu voltei pra casa com um cachorro debaixo do braço e, eu não sabia ainda, mas aquela atitude mudaria completamente o propósito da minha vida. Ele foi tratado, castrado e encontrei um lar para ele. Foi emocionante demais!

Aquele era somente o primeiro de dezenas e dezenas de resgates de animais que eu faria nos próximos meses. Após 11 meses, fechei minha empresa e fiz minha escolha: eu quero salvar vidas!

Depois, eu fui percebendo que não bastava resgatar, fazer o tratamento e alimentar, os animais precisavam ser felizes nessa espera! E pra que isso acontecesse, eu precisava mostrar para cada um deles que a espera valia a pena, que a vida era mais do que tomar remédio, ser alimentado e ter seu espaço limpo. A vida precisava ser divertida!

Eu transformei a minha vida numa missão: levar amparo, cura, dignidade e felicidade a todos os animais que cruzassem o meu caminho.

E depois de tantos anos salvando animais e devolvendo a felicidade pra cada um deles, eu descobri que aquele vazio que eu sentia não existe mais. Quando eu morrer e alguém perguntar o que eu deixei em vida, descobrirão que eu doei tudo que eu tinha de mais importante para quem realmente importava. Eu salvei vidas, amei todos os animais que passaram por mim e fiz feliz cada um deles enquanto eu estava aqui. Porque a vida só vale a pena se for pra ser feliz!"

Erica Kamisaki

Artista plástica e proprietária do Resort Mágico –
Onde a Vida Começa
Proprietária do canal no Youtube:
https://www.youtube.com/user/k77petsfashion
Para ajudar, entre em contato com ela por seu perfil no Facebook:
https://www.facebook.com/erica.kamisaki

Chubaca

Conheci o Alexandre em um dia muito ruim para mim. Mesmo sem me conhecer, ele foi carinhoso, paciente, disse para eu não me preocupar, pois *"tem muita gente boa nesse mundo. Alguns ainda faltam despertar, mas o bem sempre prevalece"*.

Não precisava, ele não queria nada em troca, só veio me consolar. Foi espontâneo.

Em outro dia qualquer, no local onde eu trabalhava, ele veio relatando o ocorrido na tarde anterior:

"Ontem, enquanto caminhava, vi um cachorro engraçado: ele era todo tortinho: patas, orelhas, tudo! Tinha um andar chacoalhante e olhos esbugalhados. Assim que nosso olhar se encontrou, ele começou a balançar o rabinho intensamente. Mudei o rumo na hora e fui fazer carinho naquela criatura tão simpática e de beleza única. O cão me recebeu feliz, um doce!

Logo, sua dona, uma senhora já idosa e gordinha, dessas que usam lencinho e bob na cabeça, que também tinha um andar chacoalhante e o trazia consigo na coleira, falou: 'Chubaca, você gostou do moço?' E, emocionada, disse que ninguém brinca com o Chubaca, já que ele é feio e velho e que ela se sente da mesma forma...

Caminhei com eles, ela parecia querer muito alguma atenção e me contou que mora sozinha com o Chubaca, seu fiel companheiro, em uma pensão; que eles cuidam um do outro e se distraem da vida.

As pessoas que só se importam com o que seus olhos podem ver são aquelas que não devemos deixar tirar nosso sono.

Meu cachorro, Boby, não tem um dos olhinhos por causa de uma doença que ele teve. Eu me esqueço disso. Quando alguém nota que ele tem algo faltando, eu me lembro e penso: 'Nossa, é mesmo!', mas isso não é importante."

Alexandre Navarro

Bacharel em Direito

Pois é...

O que é realmente importante?

Os animais nos enxergam pelo que realmente somos, não pelo que aparentamos ou pelo que temos; sendo assim, eles não se importam com quesitos socialmente impostos e tão variáveis com momentos e culturas.

Exceto em estado de necessidade ou por conta de instintos, eles evitam pessoas mal-intencionadas e ficam felizes na presença de pessoas que sentem ser boas.

Caso queiramos aprender isso com eles, observemos como eles são: eles enxergam o mundo a partir de seu sentir verdadeiro e natural, um sentir que se sobrepõe à razão.

Nós temos um sentir verdadeiro e natural, mas nos afastamos dele desde cedo, quando recebemos as primeiras cobranças e julgamentos. Aprendemos o que julgamos ser certo e errado e o que pode ou não pode ser feito, baseado no dever de agradar às outras pessoas com egos doentes e marcadas pelas manipulações midiáticas que nos obrigam a adorar marcas, raças, moda, tendências e tudo o que gera lucro monetário a determinados grupos.

Dedicamos máxima importância às coisas fúteis e passageiras, deixamos que elas consumam todo nosso tempo – até o de pensar a respeito de nossas ações – e deixamos de observar a natureza ou a julgamos como algo que, na cidade, atrapalha. Deixamos de aprender com os detalhes e perdemos as chances de evoluir que esse planeta nos oferece.

As pessoas que não saem do automático, não param para questionar e para sentir, nem sequer notam que há contradições entre seu Eu verdadeiro e como elas mesmas agem em seu dia a dia.

Nós temos a possibilidade de pensar de maneira mais complexa e racional que os animais com que convivemos. Talvez estejamos aqui, em um planeta feito de natureza e de tantas outras espécies de animais, exatamente para desenvolver melhor o que nos falta: tudo aquilo que eles nos ensinam.

Basta, então, que observemos essa natureza e os animais, unindo nossa razão ao nosso sentir verdadeiro, para que promovamos as mudanças necessárias para um mundo de paz.

Parte II

Um pouco de teoria

O que é vida?

A ciência e cada religião existente explicam o conceito de vida de maneira diferente, o que não significa que alguma delas esteja totalmente certa ou totalmente errada. A verdade existe para cada uma de acordo com a capacidade tecnológica e intelectual em determinado momento, do paradigma pelo qual se observa algo e da cultura e conhecimentos prévios que se possui.

Ciências Biológicas

Segundo a Biologia, seres vivos são aqueles dotados de membrana celular (célula) e metabolismo. A evolução não é linear e o homem não é o fim de todas as espécies, ou seja, as espécies não evoluem para se tornar seres humanos. Cada uma tem uma linha de evolução própria e evolui ao acaso, tornando-se melhor adaptada aos meios em que vive.

As Ciências Biológicas consideram o que é possível comprovar utilizando-se de metodologia empírica: aquela que comprova, através de experimentos práticos, as condições e hipóteses em análise; e não reconhece diferença no conceito de vida em uma planta, em um peixe, em um gato ou em um ser humano. Vida é vida. Tudo o que é vivo pode ser didaticamente organizado em grandes reinos.

Alguns cientistas (minoria) defendem considerar vivos também vírus, príons, algumas outras proteínas e certas moléculas de nucleotídeos, visto sua capacidade de replicação.

Filosofia

M. S. Cortella defende que a filosofia concorda com a ciência e lembra que "*somos parte do planeta e não seus donos. Nós o dividimos com outras espécies. É nossa responsabilidade preservá-lo. Preservar o meio ambiente significa nos preservar*".

Espiritismo (kardecismo)

Na doutrina espírita kardecista, vida é o "princípio vital" capaz de evoluir seguindo um caminho linear que leva a Deus. Ela começa de forma rudimentar e vai sendo lapidada. Este princípio vital existe em seres inorgânicos (como átomos, moléculas e minerais), em seres em transição (os que possuem material genético ou orgânico, mas não possuem a capacidade de se reproduzir fora de outros seres vivos, tais como vírus, príons e proteínas) e em seres celulares (aqueles que a ciência considera como vida). Ainda é considerada viva a alma e o espírito após a morte do corpo físico, os seres angelicais, os seres elementais dentre outros, e Deus.

Para a doutrina kardecista, a evolução é linear, portanto, defende-se que o homem já evoluiu como ser inorgânico, ser em transição, indivíduo celular (nos reinos monera, fungi, vegetal e animal) e tende a evoluir para o reino angelical.

O kardecismo lembra que tudo o que é vivo é filho de Deus e evolui (aperfeiçoa-se), possui sentimentos e têm direito à vida. A consciência, compreensão e livre-arbítrio são diferentes em cada ser vivo.

Para eles, animais possuem alma e consciência diferentes em cada espécie. Acredita-se que animais como insetos e peixes possuam "alma grupo": uma forma de consciência única para a qual o princípio vital de cada indivíduo volta quando ele desencarna. Esta alma evolui como um todo; e que aves e mamíferos possuam alma individualizada, tal como os humanos.

Segundo o espiritismo, espíritos humanos não reencarnam em animais, nem nos reinos pelos quais já passaram, mas podem ter aparência animalesca, segundo seu nível de consciência e, especialmente, de culpa e autopunição. Isso pode ocorrer em vida (por doenças genéticas ou adquiridas) ou após a morte; mas eles não se tornam realmente animais. Diversos escritores kardecistas divulgam que no Umbral há animais semelhantes a urubus, abutres, bactérias e fungos do planeta Terra, mas eles não estão lá sofrendo, e sim alimentando-se de energias densas, com função de limpar um pouco aquele ambiente; já nos lares, animais e plantas absorvem energias negativas e as transmutam sempre que possível.

Centros kardecistas realizam passes energéticos para as pessoas, e, muitos deles também os fazem para harmonização e cura dos animais.

Budismo e hinduísmo

Tais crenças defendem que vida é um princípio vital que evolui de maneira não necessariamente linear. Acreditam que humanos possam encarnar como animais dependendo de seu "comportamento" em cada vida e voltar a encarnar como humanos, também dependendo de tal "comportamento".

O hinduísmo considera que deuses possam se manifestar como seres humanos, animais e ecossistemas como, por exemplo, o rio Ganges, outros rios, uma cachoeira...

O budismo defende haver seis reinos de seres vivos: celestial, de semideuses, humano, animal, de espíritos famintos e de seres infernais.

Catolicismo

A religião católica considera vida a alma humana e a dos animais, que sobrevive à morte do corpo; os seres angelicais; santos e Deus.

Infelizmente, muitos documentos cristãos foram mal traduzidos e, assim, mal interpretados por longo período. Porém, há muita discussão válida sobre o assunto:

Em Gênesis 1:28, por exemplo, a frase "*Deus deu ao homem domínios sobre os animais*" está mal traduzida, pois pode ser interpretada como que os animais existem para nos servir. Na verdade, o trecho significa que: como seres com grande capacidade de ação e de destruição, nós, homens, somos influentes na vida dos animais, por isso, devemos protegê-los.

Caso se observe de maneira mais humana as escrituras cristianas, notar-se-á que muitos trechos salientam o respeito aos animais:

Ainda em Gênesis 1:28, Deus pede tratamento humanitário aos animais, e, em seguida, sugere uma dieta vegetariana: "*eu dei a vocês todas as plantas que dão sementes e que estão sobre a superfície da terra e toda árvore com frutos que deem sementes; vocês os terão para seu alimento*".

É tido, no catolicismo, São Francisco de Assis como o padroeiro dos animais, segundo o qual "*todos os seres da criação são filhos do Pai e irmãos do homem (...). Deus quer que auxiliemos aos animais se necessitarem de ajuda. Toda criatura em desamparo tem o mesmo direito à proteção*".

No dia 04 de outubro é comemorado o Dia de São Francisco de Assis; neste dia, é realizada a Missa Ecológica, na qual os animais são abençoados. Mesmo assim, segundo o Frei Gilmar José da Silva, da Ordem Franciscana, os animais podem ser levados às paróquias da ordem em qualquer dia, pois há uma oração específica para eles.

Segundo Marcel Benedeti, veterinário e escritor kardecista, sempre que uma prece é feita a São Francisco de Assis, mesmo que esta não seja relacionada aos animais, é gerada uma energia boa e curadora que se espalha pelo planeta, sendo dividida entre todos os animais existentes!

Islamismo

O islamismo considera o homem como o centro de tudo – como a vida que é semelhante ao divino, mas considera que os animais também sejam seres vivos e portadores de sentimentos. Por este motivo, podem servir de alimento e auxílio ao homem, mas devem ser tratados com respeito e sua dor, sempre que possível, deve ser minimizada.

O Alcorão cita o profeta Maomé dizendo: "*Uma boa ação feita a um animal é tão meritória quanto uma boa ação feita a um ser humano, enquanto um ato de crueldade a um animal é tão ruim quanto um ato de crueldade para um ser humano*". Maomé classificou como "*um grande pecado para um homem aprisionar os animais que estão em seu poder*", proibiu todas as brigas de animais e o comércio de peles naturais. O imã[5] islâmico aposentado Al-Hafiz Basheer Ahmad Masri, perito em ensinos islâmicos sobre animais, defende que qualquer interferência no corpo de um animal vivo que cause dor ou deformação contraria os princípios islâmicos!

---

[5] Imã: Importante título religioso dentro do Islamismo.

Evangélicos

Seguidores das vertentes evangélicas e semelhantes – não são todas iguais – consideram vida: seres humanos, cuja alma perdura à morte, Deus e o Demônio. Acreditam que animais e plantas são seres vivos que possuem espírito (algo que anima seus corpos orgânicos, mas que morre com eles), porém, não possuem alma imortal.

Infelizmente, evangélicos mais tradicionais consideram o homem a imagem e semelhança de Deus e o único ser vivo portador de alma. Por esse conceito, apesar das provas lógicas, da evolução da ciência e até mesmo da razão na observação de fatos cotidianos, acreditam que animais não têm a capacidade de sentir, por isso não precisam ser poupados de sofrimentos.

Essa mesma linha de pensamento, como desculpa para não nos sentirmos mal perante a realidade e permanecermos passivos, egoístas e "sem dar trabalho" com manifestações de ideias opostas, ocorreu na época da escravidão dos negros, quando um Papa católico afirmou que negros não teriam alma! Tal Papa retirou essas palavras após a abolição oficial da escravatura e se desculpou, em nome da igreja, perante seus seguidores.

Divulgar que animais não têm alma é, antes de tudo, extremamente maléfico e certamente desnecessário, pois, independentemente de crenças pessoais, retrocede às lutas pelo bem-estar animal e pela percepção de que o homem precisa cuidar melhor do planeta para que ele mesmo continue sobrevivendo. Quem não tem empatia com o meio em que vive, dele, não cuida.

Nem todas as vertentes evangélicas possuem ou defendem esta visão, felizmente.

Candomblé

Em algumas ramificações (nações) do candomblé, assim como no satanismo e na magia negra, são realizados sacrifícios em que animais são oferendados vivos ou mortos a alguma entidade ou semelhante, para "purificar" alguém ou algum ambiente, para barganhar algo com seres extrafísicos, ou para pedir o bem ou o mal de alguém.

Participantes de ritos de sacrifício em candomblé e de rituais satânicos defendem, igualmente, que animais estão no planeta para servirem ao homem, portanto o homem não seria um animal... Ou seja: exatamente o que alguns evangélicos acreditam, no quesito "alma dos animais". E eles ainda se acham muito diferentes...

Fato: um garoto de 11 anos matava gatos para se divertir fora dos rituais religiosos, até matar Maicon Rodrigues dos Santos, uma criança de seis anos, crime pelo qual ficou à disposição da justiça. A polícia local acredita que a matança possa ser devido ao fato de a criança participar de rituais de sacrifícios de animais em candomblé, já que seus crimes tinham características parecidas às desses ritos. (A matéria foi publicada no jornal *Zero Hora* - Edição nº 14163 - Porto Alegre, em 01 de junho de 2004).

Ora, é muito fácil compreender que a ausência de empatia causada por ver, com naturalidade, matanças para diversas finalidades pessoais fez com que o assassino repetisse o ato com um ser humano. Algo completamente esperado.

Umbanda

A Umbanda e algumas nações do Candomblé têm a vida como um mistério capaz de evoluir, presente em: plantas, fungos, animais, seres unicelulares não animais, ovoides, elementais, orixás, entre outros diversos (independentemente de corpo físico "encarnado"). Todos os portadores de vida são possuidores desse mistério e estão sujeitos a uma Lei ou ordem maior (Lei e Justiça Divinas) que rege todas as coisas.

A verdadeira Umbanda atual não aceita, nem realiza sacrifícios de animais e ainda pode realizar rituais de cura e harmonização para eles, na forma de passes espirituais. A contradição aparece quando alguns dirigentes de terreiros ainda exigem ou permitem, para oferendas, partes animais compradas em açougue.

Há rituais de culto a locais da natureza (os chamados pontos de força) e aos seus guardiões, orixás, guias, elementais e o que estiver neles presentes. Nesses rituais, os médiuns acreditam receber algo em troca, como saúde, curas e outras coisas boas.

O grande aspecto ruim é quando certos grupos ainda muito retrógrados, na intenção de homenagear as forças de um ponto da natureza, deixam, nesse local, um monte de coisas não biodegradáveis, tal como barquinhos de isopor, plásticos e latinhas, acabando por poluir a natureza e levar à morte de animais (no mar, muitos animais ingerem esses materiais e acabam sufocados ou ficam presos neles). Aqui cabe conscientização. Não se trata de preconceito, mas de evolução. Toda cultura, mesmo religiosa, pode e precisa evoluir! Hoje, em diversas casas religiosas, encontramos materiais biodegradáveis para oferendas. É exemplo o barquinho para Yemanjá confeccionado em papel. Afinal, como é possível pedir o bem a um orixá e, em troca, emporcalhar e estragar seu ponto de força?

Por fim, a Umbanda considera as plantas, os cristais, a água, a terra, o ar e o fogo seres dignos de louvação e respeito, bem como seres curativos, que curam os animais e os humanos de enfermidades físicas, espirituais, mentais, emocionais, entre outras.

"Magia Divina" e "Apometria" são como "disciplinas" que não constituem uma religião em si, mas consideram o espiritismo como base. O conceito de vida nelas é extremamente ampliado, sendo considerado vivo tudo já citado como vida e também níveis de consciência (que seriam algo como partes de um eu consciente), seres em universos paralelos, vida extraterrestre e outros seres desconhecidos pela ciência. O importante é que ambas tratam com respeito todos os seres vivos e não vivos e defendem que tudo o que é vivo faz parte de um todo, pode e tem o direito de evoluir.

Há diversas outras religiões com diferentes visões. Yezan é uma religião africana com mais de 4.500 anos, bastante similar à umbanda e ao candomblé, mas que nunca fez sacrifício de animais. Solange Buonocore, dona de um terreiro de Candomblé em Guarulhos, São Paulo, segue os preceitos da Yezan e não realiza sacrifícios de animais.

A Igreja Adventista da Completa Reforma prega a não alimentação com carne como um de seus 12 mandamentos mais importantes e argumenta: "*Sendo o nosso corpo o templo do Espírito Santo, devemos fazer tudo para não nos alimentar com carne, seja de qualquer espécie*".

Todas as religiões têm algo de bom a acrescentar, bem como aspectos negativos; afinal, são frutos de fatos históricos, criatividade, culturas, política, neuroses e estudos do homem. As pessoas que seguem determinada religião não seguem necessariamente todos os preceitos dela. Considerando a ciência como algo modificável com a evolução das tecnologias e pensamentos, somente é possível afirmar que uma verdade absoluta ainda não foi comprovada.

Assim, o que está certo? Nada? Talvez tudo ao mesmo tempo? O universo é tão vasto que é mais fácil considerar muitas hipóteses do que negar alguma.

Por que se importar com os animais?

Esse foi o tema que escolhi ao ser convidada para ministrar uma palestra em uma casa espírita kardecista da qual meu pai foi voluntário. Não tenho religião, eles sabiam disso. Vejo-as como meios para tornar grupos mais disciplinados e ensinar-lhes como ser e viver melhor. Pelo menos esse é seu lado bom, quando direcionadas por pessoas bem-intencionadas.

Felizmente, um grande ícone do espiritismo foi alguém que se importou muito com os animais: Chico Xavier. Antes de tudo, ele foi um grande indivíduo, de coração bom e que trouxe ensinamentos e exemplos úteis a pessoas de qualquer crença.

Aproveitando-me disto, segui citando e comentando argumentos dos estudiosos da própria doutrina espírita, bem como argumentos científicos que fariam o público se interessar pelo tema; alguns deles foram:

- Segundo a Biologia, não há diferença no conceito de vida em um gato, em um ser humano ou em uma árvore;
- Não sobrevivemos sem outras vidas (as plantas, por exemplo, nos fornecem alimento e oxigênio);
- *"Somos parte do planeta e não seus donos. Nós o dividimos com outras espécies."* M. S. Cortella
- Para o espiritismo, *"Tudo o que é vivo é filho de Deus, evolui, possui sentimentos e têm direito à vida"*;

- Segundo Eurípedes Kühl, 1999, em *Animais, nossos irmãos*: "*A Terra é uma grande escola para todos os seres vivos. Escola esta que possui classes de todos os níveis. A vida é a grande lição e bom aluno é aquele que: respeita as aulas da natureza e as imita, amando seus semelhantes; ama os animais, igualmente filhos de Deus; cuida das dependências desta escola, protegendo-a*";

- "*Todos os seres da criação são filhos do Pai e irmãos do homem... Deus quer que auxiliemos aos animais, se necessitarem de ajuda. Toda criatura em desamparo tem o mesmo direito à proteção.*" São Francisco de Assis

- Para o cristianismo, "*A cada um será dado segundo suas obras*";

- Marcel Benedeti, em *A espiritualidade dos animais*, afirma que "*sempre que são realizadas preces a São Francisco de Assis, é gerada uma energia boa e curadora que se espalha pelo planeta, sendo dividida entre todos os animais existentes*";

- Carlos A. Baccelli disserta que, após uma das gatas de Chico Xavier morrer, Chico afirmou: "*Eu não vou sentir uma dor maior quando perder um parente, um amigo; vou chorar igual, sentir igual...*"; e, quando um amigo de Chico se referiu com desprezo a um cão que estava prestes a se alimentar, dizendo: "*Chico, ele é um vira-lata...*", Chico respondeu: "*Ah, vira-lata? Então ele é igual a mim!*";

- Chico também defendia: "*O homem acha que ele arranja um carma só com o que faz de mal a outro homem... Uma barbaridade feita a um animal não fica impune não! As Leis de Deus cobram tudo.*"; "*Nós, seres humanos, estamos na Terra para auxiliar os animais na mesma proporção que os anjos estão para nos proteger*";

- Já está mais que comprovado: animais auxiliam nossa cura. A presença deles fortalece nosso sistema imunológico. Eles são utilizados em psicoterapias diversas;

- Isso é só um pouquinho do que nossa mãe natureza nos fornece de graça. Que tal nos dedicarmos um pouco a ela?

Após dissertar e tirar dúvidas, segui com a realização de um exercício de meditação ou "oração", como solicitavam naquela casa:

Coloquei uma música calma [6] e, durante ela, pedi às pessoas que fechassem os olhos e lembrassem de um momento em que se sentiram muito bem na presença de um animal, que prestassem atenção em como é sentir esse bem-estar, sentindo-o novamente.

Solicitei que evocassem em si a sensação de gratidão por terem vivenciado aquele momento de que recordaram; depois, que concentrassem esses sentimentos em suas mãos, colocando-as próximas uma da outra como se segurassem uma esfera de gratidão, bem-estar e amor, que vão gerando com seus sentimentos e pensamentos.

Então, sugeri que, ao se sentirem, colocassem as mãos para frente, com o intuito de irradiar essa energia boa ao planeta, orando para que ela se espalhe pela Terra, sendo bálsamo aos animais que sofrem e sendo, principalmente, geradora da gratidão e amor pelos animais e pela natureza em todas as pessoas do planeta, para que possam, assim, interessar-se por cuidar melhor deles, como é tão necessário.

Ao sentir que já realizaram o solicitado, as pessoas poderiam ir abrindo os olhos e espreguiçando. "Voltando" à sala.

---

[6] Lost Children, composta por Michael Kamen

O pessoal gostou muito e pode lembrar e sentir o quanto os animais nos são importantes. Creio que os tratarão com mais carinho e consideração agora.

Como ser uma pessoa melhor para os animais

Há muitas maneiras diretas e indiretas de fazer o bem aos animais, basta conhecer e agir; ou, muitas vezes, não ter determinadas atitudes. Seguem algumas dicas.

Cuide bem do meio ambiente

É nele em que você vive.
Adquira cada vez mais um estilo de vida ecologicamente melhor. Você pode mudar seus hábitos aos poucos, mas mude-os!

Ao comprar qualquer coisa, prefira produtos recicláveis ou reciclados e que possam ser reutilizados; pesquise sobre minimalismo – melhor que reutilizar e reciclar, é consumir menos; separe e destine corretamente todo lixo que você produz; pesquise sobre arquitetura sustentável e veja o que você pode implantar em sua casa; leia sobre veganismo e pense sobre adotar suas posturas; escolha políticos voltados às causas ambientais e a favor das campanhas de controle de natalidade. No link http://comocuidarbem.blogspot.com/2018/03/descarte-correto-do-lixo-onde-jogar-o.html, você encontra diversas informações sobre o descarte correto de muitas substâncias.

Cuide bem do seu filhote

Pesquise sobre como cuidar direitinho do animal que você tem ou pretende ter. Cada espécie requer cuidados diferentes que vão muito além do nosso instinto de cuidar. Lembre-se de que um cão é diferente de um gato, que é diferente de um ser humano; portanto, suas necessidades também são muito diferentes em vários aspectos. Tais necessidades variam também com a idade e procedência. Informe-se: leia sobre, consulte um médico veterinário.

Enjaular pássaros em gaiolas e peixes em aquários, assim como prender animais silvestres dentro de casa, não é cuidar bem, mas, sim, desrespeitar as necessidades básicas de cada animal.

Meu blog www.comocuidarbem.blogspot.com contém várias dicas sobre como dar o melhor para seu filhote.

Nunca compre animais! Jamais!

Adotar é salvar vidas. É dar a chance de um ser vivo já nascido ter uma família, dar e receber amor e ser feliz.

Ao comprar animais: incentivamos que mais filhotes sejam gerados propositadamente apenas porque pertencem a alguma raça, enquanto tantos outros morrem sofrendo nas ruas; incentivamos que pessoas que nos admiram sigam nosso exemplo e também queiram animais daquela raça; ensinamos a nossos filhos que não devemos nos preocupar com o que ocorre em torno de nós, mas somente com a satisfação de nossas vontades momentâneas e ilusões de *status*.

Animais de raça pura sofrem muito por conta dos padrões de "beleza" a eles impostos. O pug, por exemplo, vive apenas em torno de 10 anos e com severa falta de ar e intensas dores na coluna por causa do formato artificial de seu focinho, rosto e coluna.

Animais que geram filhotes a serem comercializados são tratados como mercadoria: vivem em cubículos, sem carinho, sem passeios ou banho de sol. Reproduzem-se à exaustão e, muitas vezes, à força (a fêmea é amarrada), não podem viver com seus filhotes, e, quando não mais geram lucros, são sacrificados de maneira barata e cruel ou abandonados à própria sorte. Os filhotes que nascem imperfeitos são jogados vivos no lixo, para, assim, não dar prejuízo.

Os raros locais que não são assim e seguem as leis vigentes - pois os demais são criminosos e devem ser denunciados - precisam cobrar muito, muito mais caro, pelos filhotes para obter algum lucro e, sim, como já explicado, contribuem para haver os locais piores, pois incentivam a compra e venda de raças.

Não cruze animais

Há mais de dois milhões de cães e gatos em situação de abandono somente no Estado de São Paulo. Não deixando seus cães e gatos se reproduzirem, você coopera para que esse número não aumente ou até diminua.

Nenhum animal precisa ter uma cria para ser saudável (nem nós), isso é lenda! Dada a superpopulação de animais sofrendo nas ruas ou vivendo como dá em abrigos e ONGs, se você tem espaço para mais um: adote! Dê essa chance a quem mais precisa dela.

Algumas pessoas argumentam se não é crueldade tirar a chance de um animal ter filhotes. Com certeza é muito mais cruel tirar a chance de inúmeros animais já nascidos serem adotados, sobreviverem e terem uma vida digna! Não seja egoísta.

Apoie a castração em todos os casos

Animais castrados são mais saudáveis física e psicologicamente. As chances de virem a desenvolver cânceres são drasticamente reduzidas em ambos os sexos. As fêmeas deixam de desenvolver os tão comuns problemas de útero e ovários, como a temida piometra[7]. A vontade de marcar território, brigar e acasalar cai significativamente, evitando doenças, lesões, fugas e a angústia de querer copular e não poder.

Você pode contribuir com o controle populacional de animais domésticos:

- Levando para castrar (e devolvendo, depois, aos locais onde viviam), cães e gatos das proximidades de onde você mora ou até mesmo de vizinhos irresponsáveis;

- Ajudando campanhas de castração, financeiramente, ou com seu trabalho voluntário;

- Doando uma castração (há diversos veterinários que aceitam o valor de uma castração, ou até outros valores, para ajudar, pois fazem campanhas de castração para quem não pode arcar com esses custos; campanhas em que usam o dinheiro arrecadado para castrar os animais levados por essas pessoas).

Não ignore

Se puder ajudar um animal que esteja precisando, faça-o. Pode ser um animal machucado, perdido, que está sendo vítima de maus-tratos ou

[7] Piometra: infecção grave que acomete o útero de gatas e cadelas. Causa dor intensa e pode levar à morte quando não tratada com urgência.

descaso ou que sobrevive em condições precárias.

Primeiro, providencie o resgate. Sozinho, com cautela ou com auxílio de amigos da proteção animal ou mesmo da polícia militar ou do corpo de bombeiros, pegue o animal e leve-o a um veterinário de confiança (há custos, mas veterinários conscientes não exigem procedimentos desnecessários ou não urgentes).

Providencie local seguro, sem acesso às ruas, com água, sombra e alimento. Pode ser um cômodo em sua casa, um hotelzinho especializado ou um lar temporário.

Divulgue informações sobre o ocorrido em redes sociais, *sites* relacionados e nos veterinários e petshops próximos, pois alguém pode estar procurando o animal resgatado.

Caso não queira ou não possa adotá-lo, providencie que seja adotado por pessoas cuidadosas e que não permitirão que ele volte a ser maltratado.

Em meu blog "Como Cuidar Bem", há indicação de veterinários de confiança e informações detalhadas sobre esses passos.

Lembre-se: *"As mãos que ajudam são mais sagradas que os lábios que rezam."* Madre Tereza de Calcutá.

Não patrocine a crueldade

Boicote, não participe, não financie de nenhuma maneira, denuncie, manifeste-se contra:

- Circos e outros espetáculos que usam animais – animais para atrações são mutilados para serem inofensivos; são mantidos presos a vida inteira e abandonados ou mortos quando não geram mais lucros; são obrigados a realizar trabalhos que para eles são anormais e, por isso, os treinamentos são antinaturais e cruéis;

- Rodeio com animais, rinhas de animais, farra do boi – não existe animal de rodeio que não sofra, e muito! Os espetáculos são bizarros shows de tortura para que os animais pulem de forma extremamente anormal e sejam sempre vencidos, de forma grotesca e violenta, pelo homem. Fora dos eventos, os animais são submetidos a maus-tratos que os tornam mais fortes e agressivos, além de ficarem confinados à mercê de sádicos que curtem tais aberrações;

- Produtos de empresas e universidades que testam em animais – não existe teste sem sofrimento, pois o mínimo que se exige é que os animais vivam isolados em pequenos espaços laboratoriais e sejam submetidos ao que seria perigoso ao homem. Alguns testes exigem que os animais permaneçam presos em posições únicas por meses; outros, que tenham todas as suas garras e dentes arrancados para não machucar os cientistas ou alunos. A maioria dos testes obriga que os animais usados morram lenta e dolorosamente para se avaliar os efeitos de um procedimento ou substância. Hoje em dia, há muitas opções cientificamente aceitas e válidas para não usar animais. Há listas de empresas que não testam seus produtos em animais. Para encontrá-las, busque por "empresas que não testam em animais" ou por empresas "crueltyfree";

- Produtos com peles ou outras partes de animais – para os produtos ficarem belos e se aproveitar ao máximo a matéria-prima, os animais têm a pele e outras partes retiradas enquanto ainda estão vivos. Para ficarem quietos, são espancados ou atordoados com choques. Não há preocupação em matá-los para aliviar seu sofrimento após a extração do que se deseja, e, geralmente, o animal não vive sem a parte que lhe foi retirada, sofrendo muito até morrer. As peles, plumas e partes mais cobiçadas são as retiradas de animais que não são de consumo, que não seriam mortos, que são traficados e, muitas vezes, que estão em extinção por causa de sua beleza. Use produtos vegetais e sintéticos: são lindos, chiques, isentos de sofrimento e causam muito menos alergias;

- Compra, posse e venda – ainda que legalizada – de animais silvestres – jamais um animal não doméstico viverá bem, feliz e saudável, em confinamento. Para o tráfico, animais são arrancados de onde vivem e cruelmente transportados e vendidos. Somente 10% deles sobrevivem até o momento da compra;

- Abatedouros clandestinos – sem a fiscalização de órgãos lícitos, animais são mortos cruelmente e sem nenhuma higiene. Compre apenas de empresas que seguem os padrões normativos e que propiciam uma boa vida e morte com o "mínimo" de sofrimento aos animais. Apoie que as empresas sejam obrigadas a divulgar tais informações em seus produtos, especialmente se praticam o abate humanitário. Para fazer melhor que isso: torne-se vegano. Comece aos poucos e vá adquirindo cada vez mais um estilo de vida mais saudável para você e para a natureza;

- Religiões e subculturas que sacrificam animais – não se pode obter o bem com o mal, não faz sentido. Em muitas seitas é muito comum o animal ser torturado antes de sacrificado ou mesmo ser preso para morrer de fome. Absurdo e desnecessário? Melhor nem comentar.

Apadrinhe um animal carente se não puder adotá-lo

Apadrinhar é ajudar financeiramente a cuidar de um animal, sem adotá-lo. Você pode escolher um animalzinho que vive em um abrigo e ajudar a cuidar dele enquanto ele não for adotado. Normalmente, essa ajuda é essencial para a sobrevivência de abrigos e ONGs que cuidam de animais e você pode até visitar o amiguinho escolhido!

Alguns locais que trabalham com apadrinhamento são Adote um Gatinho, Patinhas On Line, ABEAC, Adote um Focinho, Cão sem Dono, Santuário Terra dos Bichos. Há muitos outros, você pode encontrar o mais próximo pelos *sites* de busca, digitando "apadrinhamento animal + cidade onde mora". Lembre-se de ir conhecer o local e buscar por referências dele para não cair em golpes.

Faça doações a associações que cuidam de animais carentes, compre em suas lojas e eventos

As doações podem ser o seu trabalho voluntário, ração, caminhas, cobertores, produtos de limpeza, jornais, brinquedos, vacinas, medicamentos, material cirúrgico, material de construção, dinheiro para pagar veterinários...

Eventualmente, organize, na instituição onde trabalha ou estuda, uma coleta de doações de produtos relacionados com animais e leve-os a uma ONG, abrigo ou protetor independentemente que escolher.

Antes de doar dinheiro, certifique-se de que o local escolhido realmente o destinará ao objetivo desejado. Visite tal local e peça referências a conhecidos.

Uma alternativa à doação de dinheiro é comprar os produtos de lojas que dedicam parte dos lucros (ou sua totalidade) às causas animais. A qualidade é boa e os produtos são, geralmente, bem animados e belos. São alguns exemplos as lojas do: Adote um Gatinho, Patinhas On Line, Suipa, ABEAC e Arca Brasil.

Algumas organizações fazem bingos, brechós e feiras diversas. Você fica sabendo delas seguindo seus perfis nas redes sociais. São exemplos a ONG Humanimal e a Bicho Brother.

Torne-se sócio de instituições que cuidam de animais

Tornar-se sócio, nesse caso, significa comprometer-se a doar determinada quantia, em dinheiro, por mês ou por ano, a uma instituição escolhida. Isso é bastante benéfico, pois o local pode contar com certa quantia para seus projetos e necessidades. A Suipa, por exemplo, explica como tornar-se sócio deles e receber seus informativos de gastos.

Ajude as pessoas que dedicam suas vidas aos animais a continuar esse belo trabalho

Além de ONGs, existem pessoas que cuidam voluntariamente de animais carentes, resgatam, fazem lar temporário. Tudo isso gera muitos custos e trabalho.

Cuidado, pois algumas pessoas que parecem ajudar animais acabam por acumulá-los a tal ponto de não ter condições de cuidar bem de todos. Essas pessoas também precisam de ajuda, mas para castrar, tratar e doar os animais que já possuem. Pode-se fazer um acordo de só ajudá-las se elas cooperarem em não pegar mais animais e permitir que se castrem todos.

Inove!

Que tal colocar em prática uma ideia sua que ajude os animais?

O asilo Lar de Idosos Viva Mais, em Santa Catarina, adotou duas cadelas velhinhas para fazer companhia aos seus internos, que já vivem mais felizes;

Fotógrafos fazem campanhas diferenciadas para incentivar a adoção de vira-latas. Sarolta Ban, por exemplo, fez montagens surrealistas com fotos de cães para adoção para aumentar a chance de eles serem vistos e escolhidos;

Os melhores veterinários dão descontos para animais adotados;

Desde 2016, os gandulas do Brasil Open Tênis são cães para adoção;
Várias empresas e escolas já adotaram cães e gatos que convivem com seu pessoal, incentivando a adoção responsável e gerando um ambiente mais saudável e animado;

Abrigos de animais internacionais convidam crianças em fase de alfabetização para ler para cães e gatos que aguardam adoção;

Há diversos cafés pelo mundo que permitem aos clientes interagirem com gatos para adoção.
Que tal?

Participe de passeatas relacionadas com as causas animais, assine as petições relacionadas.

Faz sim diferença! Leis já foram modificadas pela persistência de idea-

listas. Aliás, surgiram por isso.
É importante condenar o que achamos errado, mostrar nossa indignação às instituições governamentais e privadas, fazer de tudo para acabar com crimes como maus-tratos, rodeios, festivais de foie gras[8], caça e pesca esportivas, abandono...

Nem todo mundo tem consciência para agir de forma correta, para isto servem as leis. Precisamos melhorá-las e exigir que sejam aplicadas.

As manifestações devem ser pacíficas, sem infringir leis, nem prejudicar ninguém; mas, mais importante que elas, é votar com consciência: escolha apenas candidatos que se preocupam com o meio ambiente e com a causa animal.

Ajude a dar força às leis já existentes de proteção ambiental

É interessante conhecer as armas que temos e utilizá-las quando necessário. Também é fundamental que outras pessoas saibam, por exemplo, que é crime abandonar ou envenenar um animal, pois mesmo que elas não tenham consciência ou capacidade de empatia, elas podem vir a não cometer tal ato para não sofrer suas consequências legais. Portanto, conheça as leis de proteção ambiental e as divulgue.

Divulgue essas informações! Educação é a melhor maneira de mudar o mundo para melhor

Algumas pessoas não fazem melhor por não saberem como fazer ou

[8] Foie gras, segundo a ONG Animal Equality Brasil, é o fígado de aves aquáticas com esteatose hepática, uma doença intencionalmente provocada pelo manejo extremamente cruel a que são submetidos esses animais. Tal manejo provoca tanto sofrimento aos animais, que a produção do foie gras foi proibida em vários lugares, como Reino Unido, Alemanha, Itália, Noruega, Polônia, Turquia e Israel. Nos EUA, foi proibido em todo o estado da Califórnia e na cidade de Nova York. A ONG mencionada possui uma petição para que o Brasil também proíba tal produção. Para assiná-la, acesse: https://animalequality.org.br/participe/stopfoiegras.

mesmo por não saberem qual a importância de modificar sua maneira de agir. Então, vamos ensiná-las compartilhando nossos conhecimentos. Educar pessoas é fundamental para o bem dos animais e do planeta.

Pais e professores podem levar seus filhos e alunos para conhecer ONGs que trabalham com visitação e educação ambiental, como o Santuário Terra dos Bichos e o Santuário Rancho dos Gnomos. Deve-se buscar na Internet pelas informações atualizadas sobre como marcar tais passeios.

Como evitar animais indesejados sem cometer crimes, nem fazer mal à natureza

É importante que as pessoas saibam como evitar animais que não desejam para que possam se comportar de maneira racional e inteligente, sem prejudicar o meio ambiente.

Para evitar insetos, répteis, ratos, aranhas, escorpiões, baratas, abelhas, pombos, morcegos e até gatos, seguem algumas dicas.

Mantenha o ambiente limpo SEMPRE (não disponibilize alimento)

- "Latas" de lixo devem estar sempre tampadas. Aquelas com pezinho, que abrem só quando utilizadas, são as mais indicadas;
- Mantenha sempre limpos os locais onde fica o lixo: lave-os com detergente ou sabão e os desinfete com Lysoform, Sanol, Ajax ou simplesmente vapor sob pressão para tirar odores;
- Troque o lixo regularmente para evitar odores;
- O lixo, em sacos bem fechados, deve ser colocado para fora do lar em horário muito próximo ao de sua coleta e, de preferência, em lixeiras acima do nível do solo;
- Guarde alimentos em potes reutilizáveis, de preferência de vidro,

bem fechados. Mesmo os alimentos novos e com embalagem íntegra devem ser guardados em locais que insetos não consigam acessar;

- Louça não deve se acumular na pia, o mais indicado é que seja lavada imediatamente após o uso;

- O local destinado para refeição deve ser limpo após o uso;

- Mantenha os ambientes secos: instale janelas com telas para ventilação, conserte vazamentos e infiltrações, coloque giz, dispositivos antiumidade ou sílica gel em saquinhos de pano em estantes, armários e gavetas.

Evite o acesso

- Mantenha portas sempre fechadas (ou com uma porta extra telada) e instale telas protetoras nas janelas;

- Mantenha carros estacionados sempre fechados;

- Todos os ralos devem ter tampas que permitam fechá-los totalmente quando não estão sendo utilizados. Para locais em que há ratos, sugerem-se tampas pesadas ou com formato que impeça de serem empurradas de dentro para fora;

- Em locais com alta incidência de insetos, o adequado é manter telas tipo mosquiteiro nas janelas e portas; podem-se utilizar lâmpadas que afastam insetos;

- Deve-se consertar todas as rachaduras e microaberturas do lar;

- Prefira portões mais fechados, coloque telas, grades de proteção não elétricas ou telhado nos locais pelos quais animais podem cair dentro da sua casa (incluindo a entrada e saída de canos, lareira e qualquer outra abertura).

Não mantenha abrigos

- Nada deve ser acumulado, nem entulho, nem objetos que não são utilizados há muito tempo;

- Lembranças e objetos em geral devem ser colocados dentro de caixas plásticas organizadas em estantes;

- Cuidado para não conservar alimentos vencidos, caixas rasgadas, jornal, papel ou qualquer coisa que estrague com o tempo;

- É extremamente inadequado guardar madeiras e material de construção. Normalmente estragam antes de serem reutilizados e são ótimos refúgios e hábitats para aranhas perigosas e escorpiões;

- Feche com cimento, ou material mais adequado, espaços livres como fendas em paredes, telhados, chão, portas e caixa d'água;
- Feche qualquer acesso ao forro das casas que o possui;

- Jamais mantenha locais onde a água parada possa acumular.

Para evitar gatos em especial, seja inteligente: prefira portões mais fechados, coloque telas/redes de proteção ou telhas nos locais pelos quais gatos podem entrar ou cair dentro de sua casa; mantenha portas e janelas fechadas ou janelas abertas, porém com telas protetoras; coloque grades em cima dos muros, tornando-os mais altos e telas fechando qualquer entrada por cima deles; borrife essência de eucalipto (eles detestam cheiros fortes) em cantos, capô de carros e tapetes, mantenha vasos e plantas dentro de casa ou em local que os gatos de fora não acessem; não cultive capim nem plantas da família da hortelã (pois gatos gostam do cheiro delas); mantenha carros estacionados sempre com as portas e vidros totalmente fechados.

E, caso tenha animais domésticos:

- Vermifugue corretamente os animais a cada três a seis meses ou conforme indicação veterinária;

- Use antipulgas e anticarrapatos no animal e no meio ambiente (são produtos diferentes) sempre que necessário ou preventivamente, conforme indicação veterinária.

E SE UM ANIMAL INDESEJADO POR VOCÊ JÁ TIVER ENTRADO EM SUA CASA?

Gato: mantenha as saídas visíveis e abertas, afaste-se e aguarde. Quando o gato se sentir seguro, ele sairá correndo; outra possibilidade é chamar o dono do gato para retirá-lo.

Evite ficar muito ansioso ou descompensado; não atire coisas no animal, nem grite. O gato, com certeza, está mais assustado que você e pode se esconder (ficando inacessível dentro de sua casa) ou até atacá-lo.

Lembre-se de que machucar, envenenar ou matar um gato é crime (lei 9605/98) e você pode ser preso além de pagar multa. Lembre-se também de que muitos donos de gatos os amam como verdadeiros filhos. Se seu filho sumisse, você gostaria de saber que ele estava preso na casa do vizinho enquanto você quase morria de preocupação?

O correto é que donos de gatos os mantenham em segurança em suas casas, mas nem sempre é fácil convencer todos os familiares a manter janelas fechadas ou colocar telas em tudo... E nem sempre donos de animais são responsáveis ou inteligentes... A culpa não é do gato!

Caso o gato esteja tranquilo, aproxime-se devagar, pegue-o cuidadosamente com as mãos e coloque-o para fora.

Caso ele esteja estático mesmo com as saídas visíveis e você se afastando, jogue água fria, de preferência com uma torneira, próximo a ele (não nele), de maneira a indicar o sentido que quer que ele siga: a saída. Caso ele não se mexa mesmo assim, chame alguém que manje de animais, um vizinho que tem gatos ou até os bombeiros, pois o gato pode estar machucado ou preso em algo.

Cães de raças perigosas: isto é bastante raro, mas, se um cão grande ou agressivo vir um portão aberto e entrar em sua casa, provavelmente, é porque está assustado, procurando se esconder.

Exceto quando treinados para serem agressivos ou caso se sintam acuados, cães não são perigosos em situações como esta, mas é melhor não arriscar. Então, com cuidado, feche o portão, prendendo-o para que não machuque ninguém, nem seja machucado, fique em outro local e chame o Centro de Zoonoses local [9]ou peça auxílio aos bombeiros ou à

[9] CCZ: Centro de Zoonose Municipal. São as antigas "carrocinhas". Possuem a função principal de auxiliar a prevenção das zoonoses (as doenças transmissíveis entre animais e humanos). Agem recolhendo animais mortos em ambiente urbano, animais agressivos ou muito doentes em situação de abandono e, hoje, também promovem campanhas de castração gratuita e de doação de cães e gatos.

polícia militar. Comunique seus vizinhos, alguém pode saber de onde ele veio.

Escorpião, morcegos, ratos, abelhas (e marimbondos), cobras ou aranhas incomuns: peça auxílio imediato aos bombeiros (telefone 193) ou ao Centro de Zoonoses local. Tentar matá-los pode ser perigoso (alguns atacam ou liberam substâncias tóxicas, mesmo sendo muito pequenos), e, dependendo da espécie, matá-lo é crime ambiental; além de que, se um animal desses entrou em seu lar, muitos outros iguais ou até mais perigosos podem estar nas proximidades e isso requer providências! É bom que profissionais qualificados sejam informados sobre isso.

Após solucionar o problema, informe seus vizinhos sobre o ocorrido para que eles possam se precaver.

Pombas: mantenha as saídas visíveis e bem abertas, afaste-se e aguarde elas saírem; caso alguma não saia é porque está machucada, você pode pegá-la com as mãos ou com uma toalha, delicadamente, e colocá-la para fora. Pombas não transmitem doenças pelo contato de seu corpo com as mãos íntegras. O que pode, eventualmente, transmitir doenças são suas fezes secas, caso sejam inaladas, quando contêm certos parasitas.

Lagartixas, aranhas comuns, percevejos (em áreas sem incidência de malária), joaninhas e outros igualmente comuns: são animais inofensivos, mas dos quais algumas pessoas não gostam. Basta pegá-los cuidadosamente com um saco plástico ou um pote transparente (com tampa) e libertá-los fora de casa. Tal procedimento é indicado também para quem tem cães e gatos, com relação a lagartixas, pois elas podem causar problemas aos animais de estimação, se forem ingeridas.

Pernilongos e baratas: caso você já tome os cuidados listados – e seus vizinhos também, tais insetos se tornarão raros, mas, se aparecerem, podem ser mortos com um chinelo... Eles estão em excesso em ambientes urbanos e fazem com que vizinhos desavisados utilizem venenos (geralmente em *spray*), o que é péssimo para o meio ambiente e colocam em risco nossas crianças e animais. Utilize repelentes naturais para o corpo e para o ambiente.

Baratas são repelidas por cravo, pernilongos são repelidos por citronela, prefira produtos de limpeza com esses componentes.

Um meio muito bom para evitar insetos em geral, especialmente quando seu vizinho não faz a parte dele, é utilizar lâmpadas repelentes, repelentes eletrônicos, repelentes ultrassônicos e repelentes elétricos. Destes, somente os repelentes elétricos liberam vapores químicos, porém, em quantidade muito menor e bem mais inofensiva que os *sprays*. Mesmo quando os vizinhos cooperam, vale a pena contratar uma empresa para dedetizar seu lar e as partes comuns de condomínios. Faz muita diferença, especialmente em relação a formigas. A dedetização terá prazo de validade e deverá ser repetida.
Morar em andares altos também faz com que animais invasores sejam bem mais raros.

Por que algumas pessoas não gostam de animais?

Pela psicóloga Lourdes Possatto[10]

O fato de alguém não gostar de algum animal é um aspecto relativo à personalidade dessa pessoa, algo sem grande relevância como, por exemplo, alguém não gostar de uma cor em específico.

O problema está quando há grande incômodo pessoal por conta desse não gostar ou quando ocorrem atitudes negativas por conta disso, por exemplo, agredir aquele de que não se gosta.

Alguns motivos pelos quais uma pessoa pode não gostar de um animal em específico podem ser:

- Medo, por conta de traumas, devido a um contato desagradável com o animal em questão: como ter passado por uma agressão (ou ameaça de agressão); ou como não ter conseguido lidar com a dor da perda de um animal, especialmente se essa perda tiver tido motivos cruéis ou fúteis.

Traumas podem ser solucionados com a compreensão dos fatos e circunstâncias que os geraram. Muitas vezes isso não é simples e exige auxílio psicoterapêutico.

---

[10] Caso o assunto lhe interesse, sugerimos a leitura do livro *Medos, fobias e pânico*, da autoria de Lourdes Possatto, pela Lúmen Editorial.

- Medo ou sentimentos confusos por conta de projeção, no animal, de conteúdos pessoais que se julgam negativos ou que se nega em si mesmo.

Esse é o motivo que costuma gerar atos violentos como forma de, ao agredir o animal em que se projeta aspectos de si, agride-se tais aspectos em si mesmo.

A agressão pode ser compulsiva ou trazer alívio temporário, mas não resolve o problema interno que seria trabalhado obtendo autoconhecimento.

- Educação falha e falta de empatia.

Conceitos errados a respeito de determinado animal (como superstições, crença de que passam certas doenças ou de que são agressivos, traiçoeiros ou cruéis) podem ser culturais ou decorrer da educação dada por uma determinada família. Infelizmente, esse tipo de crença, com o desconhecimento de Ciências Biológicas e Ecologia, gera inúmeras atitudes negativas contra diversos seres vivos e contra o meio ambiente.

Animais não são humanos, eles não agem pelos mesmos motivos que nós, jamais podendo ser denominados traiçoeiros ou cruéis.

Alguns animais oferecem risco ao homem, devendo ser contidos por meios adequados, não mortos.

Valores de respeito, empatia e compaixão devem ser transmitidos aos filhos e alunos.

- Tirania

Seja por acreditar ser muito superior ou muito inferior aos demais seres com quem convive, orgulho e vaidade podem ser tão intensos que o indivíduo se dá o direito de colocar a vida de outro ser em suas mãos e fazer dele o que quiser, submetendo-o a sofrimentos e abusos, pois o vê como algo que existe para sua satisfação pessoal.

Todo tirano é inseguro e precisa mostrar aos outros seu poder (que tem a ilusão de possuir) e *status* (real ou não).

A total ausência de valores e de respeito, nesse caso, não se dá somente com relação a animais, mas se estende a qualquer pessoa que esse indivíduo julgue inferior e sem valor ou da qual necessite passar por cima para se sentir mais seguro consigo mesmo.

Não se deve dar ibope àqueles que fazem alguma maldade apenas para chamar atenção, como nos casos em que alguém se filma maltratando algum animal. Ao invés de repassar tal aberração, deve-se informar apenas os órgãos competentes.

A educação e o autoconhecimento podem mudar como as pessoas pensam, compreendem e agem. Quando tal educação é falha, tornam-se necessárias as instâncias de controle social formal: a polícia, o Ministério Público e o Poder Judiciário.

Lourdes Possatto
Psicoterapeuta, professora de biodança e escritora:
http://lourdespossattoblog.blogspot.com/

Uma doce homenagem

"Eu amo chulezinhos!

Não sei vocês, mas eu sou apaixonada por chulezinhos. Pra quem não sabe, chulezinho é a patinha de um animal, aquela almofadinha na parte debaixo da pata. Aquele é o chulezinho.

Toda vez que eu vejo um animal dormindo, me dá vontade de pegar aquele chulezinho e enfiar inteiro no meu rosto, bem debaixo do meu nariz, e dar uma fungada beeem forte!

Tem um cheiro único, mas lembra cheiro de Cheetos. É uma mistura de cheiro amargo levemente salgado. Um cheiro de coisa gostosa, mas estragada. Você sabe que o cheiro não é nenhum perfume, mas mesmo assim você vai lá e cheira o chulezinho. É quase um vício cheirar chulezinho de animais.

Tem gente que morde, mas acho que dói, então eu só cheiro.

Tem vários tipos de chulezinhos. Alguns são ásperos, porque andaram muito nessa vida. Têm cheiro de asfalto quente com areia.

Outros acabaram de nascer, nem têm cheirinho de nada ainda! Ah, têm sim, têm cheirinho de cobertor com leite.

E nesse mundo repleto de chulezinhos, eu vivo. Amo não só os chulezinhos, mas os donos desses chulezinhos também. Me faz refletir o quanto essa vida pode mudar do dia pra noite. Eu fico imaginando por onde andaram, o que sofreram e quantos quilômetros cada chulezinho percorreu até deitar no meu caminho, já sem forças pra continuar.

E eu rezo, todas as noites, pra que cada chulezinho nesse mundo encontre um nariz amoroso. Que cada chulezinho sem direção pare de andar e seja carregado no colo.

Que cada chulezinho saia do chão muitas e muitas vezes, de felicidade, quando seu nariz chegar em casa, por causa das brincadeiras divertidas que fazem os chulezinhos voarem e porque eles sabem que serão amados eternamente.
Ver um chulezinho dormir quentinho numa noite fria me esquenta mais do que se eu estivesse na frente de uma fogueira. Porque esse calor vem de dentro do coração.

Por um mundo onde os chulezinhos são respeitados, reconhecidos como causadores de felicidade plena, de emoções verdadeiras e culpados por fazerem o ser humano entender o conceito e real significado da palavra AMOR INCONDICIONAL. Ou seja, eu te amo independentemente de qualquer condição.

Só quem tem um chulezinho em casa entende. É uma daquelas coisas que não tem como não amar."

Erica Kamisaki
Artista plástica e proprietária
do Resort Mágico – Onde a Vida Começa
Para ajudar, entre em contato com ela
por seu perfil no Facebook:
https://www.facebook.com/erica.kamisaki

Impressão e acabamento
Gráfica da Editora Ciência Moderna Ltda.
Tel: (21) 2201-6662